教师公文包
教师必备知识丛书

精神文明

董艳华　编

航空工业出版社
北　京

内 容 提 要

中华民族历来注重伦理道德的培养，本书主要倡议学生及教师传承尊老爱幼的传统美德，内容主要涵盖了，文明之邦、语言文明、行为文明、现代内在美、现代礼仪美、学校精神文明建设等。是一本探索精神文明新著作，其中还包括古人风范、礼貌用语二十例。雷锋之歌、文明的尺度等内容、在保持继承性的同时，突出先进性、示范性和前瞻性。帮助教师完善知识的同时也是广大教师及学生的必备选择。

本书针对中小学教师读者为主，对中小学教师提升自身素质和专业技能有所帮助。本书可作为教师培训教材也适合图书馆收藏。

图书在版编目（CIP）数据

精神文明/ 董艳华编. -- 北京：航空工业出版社，2019.1（2022.3 重印）

ISBN 978-7-5165-1630-0

Ⅰ. ①精… Ⅱ. ①董… Ⅲ. ①中小学—教师—修养师资培训—教材 Ⅳ. ①G635.16

中国版本图书馆CIP数据核字(2018)第144205号

精神文明
Jingshen Wenming

航空工业出版社出版发行
（北京市朝阳区京顺路5号曙光大厦C座四层　100028）
发行部电话：010-85672663　010-85672683

永清县晔盛亚胶印有限公司印刷　　全国各地新华书店经营
2019年1月第1版　　2022年3月第2次印刷
开本：710×1000　1/16　　印张：13.25　　字数：202千字
印数：5001—11000　　定价：40.00元

目　录

文明之邦

优良传统 …… 3
古人风范 …… 6
楷模情操 …… 19

语言文明

文明礼貌的称谓 …… 31
礼貌用语二十例 …… 32
书信末尾的礼貌语 …… 33
“看菜吃饭,量体裁衣”——说话要看对象 …… 33
令尊老头子玩艺儿——礼貌用语 …… 35
问候是开人心扉的钥匙 …… 37
出于爱心说话 …… 38
真正的赞扬并不是虚伪的恭维 …… 39
你会使用“您”吗？——正确地使用敬称 …… 41
如何说“谢谢” …… 42
道歉的艺术 …… 43
让你的话倍受欢迎的五条原则 …… 44
电话也可以传神 …… 48
轻声细气与语言精神文明 …… 50
要争论不要争吵 …… 55
幽默风趣话言谈 …… 56
直言的效果 …… 58

说话必须简洁精炼 …… 60
委婉含蓄可加强交际效果 …… 62
变语言垃圾“出口”为“内销” …… 65

行为文明

行为美,文明的标志 …… 69
给我一个微笑就够了 …… 70
教师神态之我见 …… 71
行动是最好的说明 …… 72
遵守社会公共秩序　行为文明有制 …… 73
爱护公共财物 …… 75
公共场合的文明举止 …… 76
交际场合的文明举止 …… 82
自控力及其培养 …… 88

现代内在美

光辉的轨迹——雷锋之歌 …… 93
呼唤真诚 …… 94
崇尚俭朴 …… 96
不做看客 …… 97
现代人的内在美 …… 98
有教养者的十大特征 …… 99
一位外教对中国学生讲的故事 …… 99
怎样宽以待人 …… 100
为什么交往离不开信用 …… 102
怎样才能诚信取人 …… 103
克服嫉妒 …… 104
克服自私 …… 105
忘却宿怨 …… 106
要杜绝背后诽谤他人 …… 107

什么是有损人格魅力的个性特点 …………………………………… 108
为什么不要以我为中心 ………………………………………………… 110
为什么不要轻视他人 …………………………………………………… 110
积极人生思想三则 ……………………………………………………… 111
美的心灵 ………………………………………………………………… 114
清廉风范永垂史册——毛泽东清廉作风点滴 ……………………… 114
王老师的特殊家庭 ……………………………………………………… 117
心,永不失明 …………………………………………………………… 119
上将与下士 ……………………………………………………………… 121

现代礼仪美

礼仪——文明的尺度 …………………………………………………… 125
礼仪的概念及具体内容 ………………………………………………… 126
互相尊重　礼貌待人 …………………………………………………… 126
中国各民族作客的礼仪与禁忌 ………………………………………… 127
礼尚真善美 ……………………………………………………………… 128
人际交谈的基本礼仪 …………………………………………………… 129
微笑是女性交际的王牌 ………………………………………………… 131
女性社交场合十戒 ……………………………………………………… 131
别具一格的美 …………………………………………………………… 132
日常交往的礼节 ………………………………………………………… 134
握手有学问吗 …………………………………………………………… 140
如何介绍人 ……………………………………………………………… 142
如何称呼 ………………………………………………………………… 143
赴宴的礼节有哪些 ……………………………………………………… 144
餐桌上的礼节有哪些 …………………………………………………… 145
请客须知 ………………………………………………………………… 146
哪些是影响仪表美的习惯 ……………………………………………… 147
影响交际的坏习惯有哪些 ……………………………………………… 148
注意形象的方方面面 …………………………………………………… 149

怎样穿戴能使你更具魅力 …… 151
教师的服饰艺术 …… 152
佩戴胸花应知 …… 153
花　语 …… 154
插瓶鲜花迎新春 …… 157

学校精神文明建设

精神文明重在建设 …… 161
学校教育与精神文明建设 …… 163
教师要成为精神文明建设的典范 …… 167
精神文明建设与教师道德素质 …… 168
精神文明建设对素质教育的要求 …… 169
可持续发展教育的新内涵 …… 170
修正我们的国情教育 …… 171
“五心”教育 …… 172
加强优良传统道德教育 …… 173
爱国之心长相随 …… 174
谈校史校训校歌 …… 176
二十一世纪呼唤“孝敬工程” …… 177
消费教育是小学教育的重要内容 …… 179
德性培养是学校教育的核心 …… 182
教学生学会做人 …… 183
文明校园与校园文明 …… 185
什么叫“校园文化” …… 187
校园文化活动的类型 …… 188
“校园文化”的功能 …… 189
如何搞好“校园文化”建设 …… 190
学生一日文明十三事 …… 192
唱“规范”歌　倡文明风 …… 194
国家教委颁发规定要求加强中小学校园环境管理 …… 195

育人环境与校风 …………………………………………………… 197
校园环境的建设与管理 ……………………………………………… 198
环境道德教育的内容 ………………………………………………… 199
谈宿舍布置 …………………………………………………………… 200
国外德育内容二三 …………………………………………………… 201
日本中小学校德育方法 ……………………………………………… 202
美国教育:平等的理想 ……………………………………………… 203

文明之邦

教师必备知识丛书

优良传统

中华民族历来十分重视伦理道德的培养。这与中国古代以封建宗法关系为政治体制的基础、以血缘关系为社会的纽带不无联系。因此,许多优良的传统美德代代相传,使得中国素以“文明之邦”而著称于世。

敬老尊贤,亲小爱幼

在中国,几千年来,老人和贤者一直受到人们的尊敬,而幼者则受到父母和长辈的爱抚。这是我国人民优良的传统美德。

中国的宗法制度,是敬老尊贤、亲小爱幼传统风尚形成的重要原因。儒家的伦理道德一贯提倡敬老慈幼、长幼有序。孝德为“仁之本”,而“百义又以孝为先”。“孝”,是家庭内的敬老信条,是子女对父母的道德义务;同时,“孝”在家族内还被延伸为晚辈对长辈普遍适用的道德准则。它要求子女对父母、晚辈对长辈,要承担赡养义务,举凡衣食起居,都要尽心竭力地予以侍候;而且,子女和晚辈要尊敬父母和长辈。这是最基本的社会公德,应予继承和发扬。至于传统道德中要求子女和晚辈无条件地服从父母和长辈,包括对父母和长辈中不正确的东西也应俯首听命等等,则属封建糟粕,应予以摒弃。

至于父母对子女、长辈对晚辈,也应当尽抚养之责、爱之心。这同样是传统美德的基本要求。我国古代的许多“家训”和“治家格言”,对此均有明确规定,而且得到人们的普遍遵守,已成为社会公德。

今天,我国人民继承了上述传统美德,一方面对老人十分敬重,把农历九月初九重阳节定为“老人节”,敬老院、老人之家和老年大学也遍及全国城乡;另一方面十分关心少、幼儿童的身心成长,孤儿院、儿童公园及其他儿童福利设施已在许多地方建立起来，各级关心下一代协会也已普遍成立，并正在开展富有成效的工作。

兼爱互爱，助人为乐

这是我国古代思想家所积极倡导的另一社会公德。儒家学说的核心是仁，仁就是爱人。它既含有亲疏、尊卑、贵贱的等级秩序，又包含着关心普通老百姓的原始人道主义思想。孟子进一步提出“民贵君轻”的民本思想，而且推己及人，把敬老慈幼道德准则推广到社会上去，提出：“老吾老以及人之老，幼吾幼以及人之幼。”即不但要尊敬自己的父母和长辈，还要尊敬别人的父母和长辈；不但要慈爱自己的子女和晚辈，还要慈爱别人的子女和晚辈。墨子则提出“兼爱”思想，主张国与国、家与家、人与人之间兼爱互爱。其弟子又进一步提出泛爱主义，要求爱人如己。以后中国的进步思想家，都普遍在一定程度上强调“民”的作用。他们认为，民是国家的主体、政治的根本，从而主张把“爱民救民”当作普遍的道德准绳加以信奉。应该说，这种关心人民、爱护人民的社会公德，是维护和调节人与人之间关系的另一基石。

现在，有些爱国华侨和企业家，在他们具备一定的经济实力之后，便将一部分资金捐出，用于建学校、办教育，搞“希望工程”，或用于盖医院、修路造桥等社会公益事业。他们的这些行为，正是对上述传统美德的继承和发扬，值得人们学习和鼓励。人与人之间应该互相关心和帮助，一方有难，八方支援。但是，今天仍严重存在着自私自利、损人利己、假公济私的思想和行为，应该通过社会主义精神文明建设予以坚决纠正。

艰苦奋斗，勤俭节约

中华民族是一个勤劳勇敢的民族。几千年来他们依靠艰苦奋斗、勤俭节约的创业精神，创造出辉煌灿烂的古代文化。他们熟知“勤能补拙，俭可养廉”的道理，只要持之以恒，就可促进人们人格的完善，成就一番大事业。长期以来，我国人民穷而有志，决心用勤劳的双手，去改变祖国的面貌，创造美好的明天。“成由勤俭败由奢”。宋朝司马光在“众人皆以奢靡为荣”的官风中，坚守“吾心独以俭素为美”的信条。

中华民族刻苦耐劳的精神，既动人又感人。古代大禹治水，在外13年没回家，甚至三过家门也不入。愚公移山、精卫填海等寓言，就是中国人民为改造自然而艰苦奋斗的典型反映。无论是中国的万里长城，还是京杭大运河，都凝聚着中国人民为改造自然而艰苦奋斗的伟大成就。

当前，我国正处在开拓发展的新时期，需要大量的资金、资源和高新技术，为了中华的振兴、民族的繁荣，我们仍应大力提倡艰苦奋斗、勤俭节约的精神，坚决反对铺张浪费、大吃大喝和贪污腐败的歪风。正如江泽民同志在党的十四大所说：“我国底子薄，目前处在实现现代化的创业阶段，需要更多的资金用于建设，一定要继续发扬艰苦奋斗、勤俭建国的优良传统，提倡崇尚节约的社会风气。”

古人风范

大禹治水三过家门而不入

传说在远古时代，尧做部落首领的时侯，黄河大决口。洪水横流，滔滔不息，冲毁了房屋，淹没了庄稼，冲倒了大树，卷走了人畜。幸存下来的人们只得躲到山上去住，一派可怕的景象。

尧为了解除水患，召集四方的长老和首领共商治水大计。他说，水灾无情，请大家想想，派谁去治水为好？大家各抒己见，经过协商一致推荐鲧出来治水。鲧是黄河流域一个部落的首领，经常同洪水作斗争，积累了一定经验。开始，他还是采用老办法，屯土筑堤，以堤防水。这种堤坝，遇上不大的洪水，不会有多大问题，可是老天爷偏偏不帮忙，鲧率众用9年时间筑起的堤坝，在巨大洪水的冲击下，全被冲垮了。

舜接替尧做了部落联盟的首领以后，大家又推荐鲧的儿子禹领导治水。禹为人诚实，勤劳俭朴，又很谦虚。他再三推荐其他有能力的人代替自己，但舜还是把治水的重任交给他。禹接受任务后，首先总结了前人和父亲治水失败的教训，然后背着干粮，拿上工具，跋山涉水，勘察山川地势，掌握水资料。在此基础上，他改变过去各民族分散治水、以邻为壑的做法，动员各地的人力物力统一划分治水区域，他改变过去鲧采用的“堵塞”的方法而采用“疏导”的方针。为了排泄洪水，他开凿龙门，疏通九江，使洪水顺利东流入海。禹率领群众一心扑在治水上，风餐露宿，日晒雨淋，起早贪黑。他带头苦干，任劳任怨，脸晒黑了，人累瘦了，甚至连小腿上的汗毛都磨光了，脚指甲也因长期泡在水里而脱落。禹为了治理洪水，四处奔波，直到30岁时尚未结婚。后来路经涂山时，娶涂山女为妻。但在新婚 4 天后，他又辞别亲人去治水，一直在外治水 13 年，3 次路过家门，也顾不得进去看看。最后终于消除了水患。

禹治水有功，后人称他为“大禹”，也就是伟大的禹的意思。荀子在《成相》篇中记述和评价说：“禹敷土，平天下，躬亲为民行劳苦。”包含了对大禹这位为民辛劳的英雄的敬佩。

大禹治水的故事经过后人的广为传颂，其中不免有夸张之处，但大体上还是可信的。特别是大禹那种坚韧不拔、刻苦耐劳、公而忘私的高尚品德，正是伟大中华民族精神的象征。

吟《离骚》屈原爱国

屈原是我国文学史上第一位伟大的爱国主义诗人。他一生热爱祖国，为挽救国家命运，忍辱负重，殚精竭虑，矢志不移，最后不惜以身殉国，更是一位伟大的爱国政治家。

屈原是战国后期楚国人。他生活的时代，我国还没有统一，全国分为大小不等的许多国家，比较大的有秦、齐、楚、燕、韩、赵、魏。这七国为扩大势力，互相纷争，连年打仗，老百姓深受其害。

战国七雄中，秦国实力雄厚，时刻企图吞并其他国家，实现统一中国的霸业。但楚、齐两国国力也很强大，秦国才不敢轻易下手攻打它们。

屈原出身于楚国贵族，从小聪明好学，具有天文、地理等多方面的丰富知识。同时，他自动热爱祖国，总盼着楚国强盛，不受别国欺凌。楚国国君楚怀王当初挺信任他的，任命年轻的屈原为左徒（仅比令尹，即宰相小一点的重要官职）。屈原上任后，向楚王提出自己的政治主张：在楚国内部举贤任能，修明法度，限制旧贵族集团的特权，反对结党营私和贪污腐败行为；对外则主张联齐抗秦。楚怀王开始听从了他的意见，联合了齐国等国家，并于公元前 318 年，在楚国京城郢都（今湖北江陵）召开了楚、齐、赵、魏、韩、燕六国会议，订立六国联盟，共同对付秦国的侵略扩张。楚怀王感到国家稳定，就秘密把起草国家根本法令——《宪令》的任务交给了他。屈原深感责任重大，兢兢业业地做好这项重要工作。

然而，楚国的一批旧贵族，为了维护自己已经得到的特权，千方百计破坏《宪令》的问世，生怕《宪令》中写进对他们不利的条款。上官大夫靳尚对楚怀王大讲屈原的坏话，诬陷屈原妄自尊大，不把国王放在眼里。昏庸的楚怀王听信谗言，撤了屈原左徒的职务，降为三闾大夫，只能管教王族三个姓的子弟，毫无实权。

屈原被贬后、秦国认为拆散楚齐联盟的机会到了。秦王派宰相张仪到楚国去搞挑拨离间活动。让张仪假意说，只要楚国能与齐国绝交，秦王愿把600里土地送给楚国，并与楚国结成联盟。楚怀王听信了张仪的鬼话，签订了与秦国的盟约，撕毁了屈原与齐国订立的盟约，并派人到秦国办理接受600里土地的手续。

屈原听到这坏消息，想见楚怀王，但被郑袖等阻挡，屈原眼看祖国陷入危亡境地，不觉忧心如焚，轻轻地吟咏着自己早年写的《橘颂》诗，屈原用橘树坚贞不屈，独立不移的品格，来比喻自己在逆境中对祖国忠贞不渝的爱国之情。

后来楚怀王才知道，张仪许的六百里土地只是一个骗局。怀王在失败之际，又想到了屈原，把屈原召回，要他去齐国重结友好。后来秦王设下一个圈套，约楚怀王到武关（今陕西省商县）商议恢复两国友好关系。屈原看出其中有诈，劝怀王别去。但怀王不听，终于在武关被秦国绑架到秦都咸阳，3年后死在那里。

怀王被秦国扣留后，楚顷襄王即位。开始时，他为了给怀王报仇，实行一段联齐抗秦政策，但是令尹子兰等奸人始终与秦国暗中勾搭，秦王采取硬兼施的手法迫使顷襄王就范，居然当了秦国的女婿，在这种严峻形势下，屈原不顾个人安危，挺身而出，给顷襄王写奏章揭露亲秦派的阴谋，劝顷襄王坚决抗秦。但奏章落到了令尹子兰手里，他和靳尚一起到顷襄王面前编造谎话陷害屈原。腐败无能的顷襄王下令撤掉屈原三闾大夫的官职，把屈原放逐到江南去。屈原怀着无限的悲愤心情，长期流落在沅水、湘水一带。在巨大的困顿中，屈原爱国爱民之心愈坚，用深厚的感情写下了一篇篇光辉的爱国诗篇。公元前 278 年春，秦国军队攻陷了楚国京城郢都。听到这个不幸的消息，屈原感到楚国的灭亡已无法避免，于是怀着无限悲愤又无限留恋的复杂心情，于五月初五投汨罗江而死，据说以后每年五月初五那天，我国人民都要吃粽子、划龙舟，就是为了纪念这位伟大的爱国志士。1953 年，屈原还被列为世界文化名人，被印上了邮票，使他成为世界各国人民所尊敬爱戴的中华民族优秀历史代表人物。

文天祥留取丹心照汗青

宋朝之后，在抵御外侮之中，有一首名诗一直为人们所传诵，激励着人们战斗的勇气。

过零丁洋

辛苦遭逢起一经，干戈寥落四周星。
山河破碎风飘絮，身世浮沉雨打萍。
惶恐滩头说惶恐，零丁洋里叹零丁。
人生自古谁无死，留取丹心照汗青。

这首诗为南宋丞相、我国著名民族英雄文天祥所作。文天祥的一生，正如诗中所写："留取丹心照汗青"，英名永垂史册。

文天祥（1236—1283）字履善，一字宋端，号文山，吉州庐陵（今江西吉安）人。文天祥 20 岁时到当初的京城临安（现杭州市）参加进士考试，当时南宋的理宋皇帝和王公大臣，政治上腐败，生活上穷奢极侈，醉生梦死，面对元军即将发动的侵略毫不觉悟，只想割地赔款求和，苟且偷安。文天祥看到这种形势，忧心忡忡，于是在试卷中提出改革政治的主张，在"御试策"中，分析了国家贫弱的原因，提出要发扬"君子以自强不息"的精神，建议皇帝和官吏认真办事，任用贤才。皇帝看了试卷，十分赞赏，于是亲自批为"第一"，文天祥中了状元。但是皇帝并没有重用文天祥，也没有实行他的建议，只让他到地方上当了一名小官。以后，文天祥凭着自己的才干，先后担任瑞州知府、宁国知府、平江知府、江西安抚大使、浙西浙东制置使等职。

1276年正月，元军打到临安30里外的皋亭山。在这危急的时候，文天祥为了挽救国家，不顾个人安危前去元军谈判，朝廷命他为右丞相、枢密使，文天祥一心只想抗战，谈判不过是缓兵之计，因此，他到元军营中大义凛然，提出谈判的首要条件是元军退兵到平江或嘉兴。元军元帅伯颜要文天祥投降，文天祥庄严地表示："我早就准备一死报国，刀锯、鼎镬（下油锅），没有什么值得畏惧的！"伯颜无可奈何，下令将文天祥拘押起来，送回北方。

文天祥在被押送去北方的路上，伺机逃走。在由北方逃回南方的路上，文天祥经过了九死一生的磨难，这段经历。在他的《指南录后序》中有详细的记载。"呜呼！予之及于死者不知其几矣。诋大酋当死；骂逆贼当死；与贵酋处二十日，争曲直，屡当死；去京口，挟匕首以备不测，几自到死；经北舰十余里，为巡船所物色，几从鱼腹死；真州逐之城门外，几彷徨死；如扬州，过瓜州扬子桥，竟使遇哨，无不死；扬州城下，进退不由，殆例送死……"文天祥虽然经过九死一生的磨难，但是抗元之志没有丝毫的动摇，继续领兵抗元，直至海丰一战被俘。

文天祥被元军送到大都后，元朝统治者很想利用他的声望和才干来加强自己的统治，于是千方百计劝文天祥投降。起初，元朝派已投降的丞相留梦炎劝降，被文天祥痛骂一顿；接着，元朝又派宋朝恭宗皇帝赵显来劝降，文天祥一见赵显就高呼"圣上请回"，使赵显无话可言，只好灰溜溜地走了。以后元朝平章（宰相）阿合马又来劝降。阿合马一见文天祥，就要文天祥下跪，文天祥昂然回答："南朝宰相见北朝宰相，为什么要跪？"阿合马哑口无言，便对两旁的人说："这个人的生死还得由我。"文天祥听了大怒："要杀就杀，说什么由你不由你！"阿合马自知无法使文天祥屈服，只好走了。

元朝统治者见文天祥不投降，就将他关在土牢之中。土牢里阴暗潮湿，夏天闷热得透不过气来，下了雨，水流进土库粪与便，死耗子混在一起，臭气冲天，冬天土库里冻得如同冰窑，有时竟无法睡觉。文天祥在敌人的长期折磨下，过着非人的生活，但是他坚贞不屈，毫不动摇，并在牢中写下了世所传诵的《正气歌》。

文天祥被关押3年多以后，元朝统治者见文天祥宁死不屈，便决定杀害他。临刑前，元朝皇帝忽必烈亲自出来劝降。忽必烈对文天祥说："你如果投降，我任命你为中书宰相。"文天祥回答说："天祥是宋状元宰相，宋朝已灭亡，我只愿以死报国。"忽必烈又说："你不做宰相，就做枢密。"文天祥坚定地说："一死之外，无可求！"

1282年12月9日，文天祥终于被杀害。临死前，文天祥从容地走向刑场，态度镇定自若。临斩官问他："你还有什么话说？"文天祥回答"死就死，还有什么话说！"当时有很多老百姓哭着送他。文天祥在刑场上问旁边的人，哪边是南方，旁人告诉他后，他郑重地向南方拜了几拜，说："我报国只能到此为止了！"

文天祥以他的矢志不移、威武不屈的英雄气概，博得南宋以来各族人民的崇敬和爱戴。明朝大臣于谦赞扬他"殉国亡身，舍生取义，气吞环宇，诚感天地"。

孔夫子尊重七岁孩童

在两千多年前的春秋时期，孔子为了推行他的儒家学说，在自己的学生陪伴下，经常驾着车周游列国。

有一天，他们进入了郑国的地界。正当他们匆匆地赶路的时候，忽然看到一个孩子正专心致志地蹲在地上玩耍。孔子的车行进到他眼前了，他居然也不闪开。驾车的是孔子的学生子路，他正在担心车子走得太慢，误了赶路，看到孩子挡住了去路，不禁生气地向孩子吆喝道："喂，小孩子，怎么还不让开？快点走开，让我们的车子过去！"

但那小孩根本不理睬子路，仍然聚精会神地在地上堆砌那些碎石烂瓦。

孔子无可奈何地摇了摇头，下了车，来到小孩子的面前，他也生气地质问小孩："喂！你这小孩怎么回事，要玩到路边去，不要在这儿挡住我的车!”

那孩子抬起头,望了望孔子,反问道:“您老人家看一看,我在修造的是什么?”

孔子低头一看,原来孩子用那些碎石烂瓦在地上堆砌了一座城堡。

“好啦! 你真不懂得礼貌!”孔子有点不耐烦地说,“你挡住了我的车,误了我们赶路啊!”

那孩子眨了眨眼睛,一本正经地质问孔子道:“您说我不懂得礼貌?那么,老人家您说。世上是车给城让路呢,还是城给车让路?”

知识渊博的孔子一下子愣住了。他想:是啊,城是死的,车是活的,当然城不能给车让路,而应该是车绕城过去。当然,不能把小孩子摆的城堡当成是玩耍的。我们大人认为这是在玩耍,小孩子并不这样认为,他认为自己是在修筑一座真正的城堡。再说,是人家小孩子先在这里玩耍的,我们毕竟是后来的呀……。孔子越想越觉得小孩的话有道理,觉得他是一个聪明而又懂礼节的孩子。

想到这一切,孔子也就不生气了。他和气问小孩道:“你说得对。你叫什么名字?”

“我叫项橐,”小孩回答道。

“几岁了”,孔子又问。

“7 岁了!”

“3 人行必有我师!”孔子感叹地对身边的学生们说,“项橐这孩子很懂得礼节。他虽然年纪小,但在这一点上完全可以做我的老师啊!”

说罢,孔子告别项橐,叫学生们驱车绕“城”而过,继续赶路去了。

后来,这个故事就流传下来了。人们赞赏孔子不耻下问,闻过即改的做法,就在故事发生的地点(今河南省修武县五里堡村西头的路边上)矗立起一块石碑,并在上面刻写了 5 个大字:“孔子问礼碑。”

这故事说明了孔子虚心的精神,但也体现了他对于幼小者的尊重和爱护。对于小孩子,大人应该理解他们,尊重他们,并且还应该与他们讲道理。这才是对于幼小者真正的爱。

杨时程门立雪

杨时，南剑将乐（今福建将乐）人，宋朝很有名望的学者。他从小就很聪明，读书勤奋努力，而且很尊敬老师。后来他考中了进士，很有些名气。

当时，程颢和他的弟弟程颐在洛阳办书院讲学，登门求教的读书人从四面八方赶来。杨时也弃官求学，到程颢处登门拜师。因杨时也小有名气，程颢开始不肯收留，后来感于杨时的谦逊态度，才允许了。

在程颢处，杨时学习刻苦用功，长进很快。后来，他学成归乡，程颢感慨不已，说："我的思想从此往南去了。"

4年之后，程颢死了。杨时听到噩耗，就在家中设了的老师的灵牌，哀痛地号哭；并给曾在一起读书的同学们写信，把老师去世的消息告诉他们。

后来，杨时40岁了，为了深造，他又拜程颐做老师。

一天中午，他学习碰到了难题，便和同学游酢一起去请教老师。

当他们到达程颐家时候，正赶上老师午睡。他们想，老师讲课很累了，不能把老师吵醒。为了不影响老师休息，杨时和游酢就一声不响地站在大门外等候。

那时，正巧下起了鹅毛大雪，他们仍静静地站在雪地里，任凭雪花飘落在头上、身上。等啊等，手、脚冻得生痛，他们还是静悄悄地站在门外。

程颐醒来后发现外面大雪纷飞，便兴致勃勃地走出观赏。没走几步就发现外面有人影，推门一看，才知道杨时、游酢毕恭毕敬地站在门外等候，两人满身是雪，快成了雪人。程颐深受感动，赶忙说道："你们有什么事？快请进来！"

杨时、游醉跟随老师进门时，门外的积雪已有尺把厚了，他们站过的地方，留下了两对深深的足迹。

按照我国的传统，弟子应像尊敬父亲一样的尊敬老师。杨、游二人为不打搅老师午睡，在雪地里站了一个中午。这种崇尚师生礼仪的行为成了千古传颂的美谈。

华歆守信救人

华歆是三国时代的人。在一次战乱中，他与王朗被追兵撵到了长江边。慌忙中，他们在岸边找到了一条小船，两人赶紧跳上小木船，解开缆绳，正要开船，突然听见不远处传来了呼救声。他们回头一看，只见岸上不远处又跑来一个人。他一边逃，一边对着他们高声喊道："等等我，让我上船一起走，救救我啊………"

远处，阵阵的马蹄声混合着士兵们的追杀声，越逼越近。

华歆看到这情形，很为难。多带一个人，小舶就划得慢，搞不好就会连自己也被追兵抓住。但看到呼救者的狼狈相，华歆又不忍心抛下他不管。

就在华歆他们犹豫不决的时候，那个人已逃到船边。这时追兵也越来越近了，华歆他们已能清楚地看到追兵手中挥舞的刀枪。

同行的王朗看到华歆沉默不语，也着急了。他对华歆说："还是让他上船一起逃吧，小般还载得了三个人，我们为什么不帮他一把呢？"

华歆想想也对，同是天涯沦落人，怎能见死不救呢？于是他果断地对来人说："快上！"

那人赶紧跳上小船，华歆和王朗立刻把小船撑离江岸，然后一起向对岸划去。

船刚离开岸边一会儿，追兵也赶到了。他们看见华歆、王朗的船，便纷纷下水泅渡追赶。就这样，华歆、王朗的船在前面匆忙地逃着，泅水的士兵在后面紧迫不舍。

船到江心的时候，水流很急，华歆、王朗他们已划得精疲力尽，所以船的速度渐渐地慢了下来。而追兵中有几个水性好的，游得很快，他们离小船越来越近，眼看就要赶上他们了。

王朗见此情景，也着慌了。他一边用力地划船，一边与华歆商量说："还是让这人下船游过去吧，不然，连我们也要一起被抓住了。"

华歆一听，连忙阻止说：“不能这样做！当初我迟疑不决，没有马上答应他上船，就是怕三个人一条船划不快，被追兵赶上了大家一起完蛋。但是，既然我们已答应人家同船逃难，那就该信守诺言、有难共当，怎么能在危难之时把人家赶下船去呢？”

王朗被华歆说得哑口无言，也就不再提赶人下船的事。同船的人听了他们的对话，十分感激华歆。他们三人更加同心协力，继续向对岸划去。

追赶的人泅到江心，渐渐地累了，加上水流湍急，泅水的速度也慢了下来，他们与华歆的距离又逐渐拉大了。船上的人看到这，信心更足了，他们相互鼓励，最后终于把船划到了对岸。而追兵还离他们很远很远。

最后，华歆、王朗和那个人都摆脱了追兵，顺利地逃离了虎口。华歆守信救人的事也传开了，人们都称赞华歆办事守信用，是一个信得过的人。

玄奘西天取经

由于神话小说《西游记》的流行，以及戏剧电影电视关于西游故事的传播演唱，唐僧取经一事几乎妇孺皆知。然而，历史上唐僧真有其人，不过与艺术作品中描写的神话人物有所不同。

玄奘（602—664）是我国唐代杰出的旅行家、翻译家和佛学家。姓陈名袆、法号玄奘，俗称唐僧。出生于洛州缑氏（今河南偃师县缑氏镇）。他自幼爱好佛学，13 岁出家当了和尚。他在国内遍访名师，考究经纶，但他发现论经纷歧，译文也颇多讹误，难得定论，就决定到佛教的发源地印度去学习，探求佛教经典的真义。

唐太宗贞观三年（1629 年），玄奘不畏西天路遥，道路险恶，开始了他们万里征途。小说里说唐僧取经途经九九八十一难，事实上何止八十一难呢！他既没有孙悟空的护送，又没有白龙马备骑。

玄奘西出长安，经凉州（今甘肃武威）、瓜州（今安西），出了玉门关。安西和新疆之间是一片大沙漠，大风飞起，沙土蔽天，狂飚过后，沙砾如雨，旅行人马往往被沙砾吞没。白天阳光似火，夜里寒风刺骨。一天玄奘走得精疲力竭，口干舌燥，头晕眼花，连人带马倒在地上失去了知觉，幸亏夜里被凉风吹醒，死里还生。玄奘牢记自己的誓言“宁可西进而死，决不东归而生”，继续西进。到了高昌国（今新疆吐鲁番的雅尔城），得到高昌王麴文泰的资助，换上了御寒衣装，派给他马匹挑夫，又向崇山峻岭进发。所经过的峻山（天山山脉的腾格里山穆素尔岭），高7000米，终年积雪，行人遇上雪崩，九死一生。玄奘一行爬冰卧雪走了7天，方才出山，这时从人有的逃走，有的死亡，所剩无几，马匹死亡更多。玄奘再向西行，经过烟波浩翰的热海（今吉尔吉斯共和国的伊塞克湖），到碎叶城；越帕米尔高原，穿过铁门关（今阿富汗巴达克山），穿行吐火罗（今阿富汗境）等国，又经过2700里的路程，才到达印度境。

玄奘先由北印度起，依次转入中印度、东印度、南印度和西印度，最后又回到中印度取道回国。他遍游全印度，一面考察现状，研究历史，有闻必录；一面寻师访友，讨论佛法，切磋学问，受到印度各阶层人们的热烈欢迎，最后被公认是印度第一流的学者。至今，在印度的教科书里还有玄奘的一课，在博物馆里还陈列着玄奘负笈取经的图像。

那烂陀寺是玄奘西游的目的地，那里是当时印度最高的佛教学府和印度学术文化中心。玄奘就在这里，早晚不辍地潜心钻研了5年，把全部经论探索了一遍，通晓了它的内容。5年期满，他对自己的学识仍不满足，又到各处游学了5年，到公元640年，再度回到那烂陀寺，并受戒贤委托主持全寺的讲席，为全寺僧众讲经。从此玄奘多才博学的声名在古印度盛传开来。

一天，有个“顺世外道（古印度一个哲学派别）写了40条教义，挂在那烂陀寺门上，宣称“若有能驳倒一条的，甘愿斩首认输”。好几天没有人来辩论。于是玄奘走出寺门，取下那40条教义，请戒贤作证，和那位顺世外道进行辩论。双方舌战到最后，顺世外道默默无言，认输了，要求照约发落。玄奘以“和尚戒杀生”为由，收他做了侍从，不久让他回去了。

当时，印度有个叫般若多的小乘（佛教中的一派）大师，写了一本《破大乘论》，讥讽大乘是“空华外道”，送给乌苌王朝的戒日王说：“这是我家的论据，大乘学者休想破其中的一个字！”要求召集两派辩论。戒日王便派玄奘等4人前往曲女城辩论。

大会有18国国王参加，佛教大小乘的僧侣3000多人，婆罗门和其他教派的博学之士2000多人，远近各国赶来观看的5万多人，人山人海。大会的第一天，大家公推玄奘为论主，他提出他所写的《制恶见论》作为辩论中心，当众宣读：另外写一本挂在会场门口，声明：“如果这篇论文中有一个字没有道理，能够驳倒的，当斩头相谢。”大会连续18天，没有一个人出来反驳，就宣告结束。大家焚香散花，把玄奘扶上大象，前呼后拥，热烈欢呼“中国大师宣讲大乘佛法，没有人敢出来反驳，大家都知道！”大乘、小乘分别授予玄奘“摩诃耶那提婆（意谓大乘天）、“木叉提婆”（意谓解脱天）的荣誉称号。唐高僧玄奘的名字响遍天竺。

玄奘离开祖国15载，求“法”目的既已达到，于是便辞了戒日王，满载荣誉和中印人民的友谊，带着他历年来所收集访求到的657部佛经及中、南亚特产的花果种子等，踏上了归程。他经过两年多的艰辛跋涉，于贞观十九年（645年）1月24日回到阔别已久的长安，受到朝野僧俗热烈欢迎。他带的东西第二天在长安朱雀街展出，前来观看的队伍排成好几十里。正在洛阳的唐太宗亲自召见了玄奘，听了他周游各国的见闻，很感兴趣，曾劝他还俗做官，玄奘不肯。

从此，玄奘奉旨主持佛经的翻译工作，并口述西行见闻，由他的助手辩机记录下来，写成《大唐西域记》。他辛勤翻译经书，直到逝世前才搁笔，无有一日虚耗光阴，惟恐生命有限，完不成任务，常常三更就寝，五更起身，共译成经论75部，1335卷，1300多万字，成为我国翻译史上翻译最多的一人。

曹操的俭朴之风

曹操承汉祚之颓，挟天子以令诸侯，位极人臣之尊，然而，在日常生活上，他却是一个“雅性节俭，不好华丽”的人。《资治通鉴》分析曹操“能芟刈群雄，几平海内”的原因时，也把这一点列进去，不是没行道理的。他勋劳有功将士，识拔奇才，可以不吝千金，自己却清心寡欲，这无疑是他威信大行的一个参照。

从曹操的生平看，他的节俭是实实在在的。建安十四年，曹操自陈功绩时曾表白，他“身为宰相，人臣之贵已极，意望已过矣……然兼封四县，食户二万，何德堪之！”乃上还阳夏、柘、苦三县，“以分损谤议，少减孤之责也”，这种自削邑土的目的并非装给人看，当他进封魏王时，后宫仍然食不过一肉，衣不用锦绣，茵蓐不缘饰，器物无丹添。那时，他大权在握，若非崇尚俭朴，早就过纸醉金迷的生活了。事实表明，直至去世，曹操始终未其在奢侈上留下疑影。

曹操的俭朴之风，影响了家人，未其继室卞氏便是最好的例子。曹丕称帝后，卞氏当了太后，然每见外亲、衣不假以颜色。她经常告诫说：“居处当节俭，不当望赏，念自佚也……”就此可以看出，曹操提倡节俭，数十年如一日，堪称守俭不移的楷模，乃至卞氏在他死后仍奉守不违。

崇侈无度，历来为仁君所戒。因为奢靡则使府库日竭，必劳役士民，重其赋敛，民不堪苦，乱之将生，能不慎乎？

楷模情操

崇尚气节　浩然正气

中华民族崇尚节操，讲究为人要有浩然正气，就是要保持人格尊严。节操，也称为气节、操守、志气、骨气，是指一个人在政治上、道德上的坚定性，具体表现为刚毅、正直、坚贞、坚持正义、不屈从、不阿谀逢迎、不趋炎附势、不卑躬屈膝等。浩然正气，是指正大刚直之气。古人认为，这些都是作为一个道德高尚的人所应具备的品质和情操，而只有具备了这样的品质和情操，才能真正保持人格的尊严。

节操作为一种美好的德性，在远古时代就已成为中华民族受人称颂的一种道德实践。

中国先秦时期的著名思想家孟子说：“富贵不能淫，贫贱不能移，威武不能屈，此之谓大丈夫。”孟子这段话的意思是，处于富贵之时不放肆，处于贫贱环境中志向不改变，处于权势的威逼压迫下不屈从，这样的人才称得上是大丈夫。

东汉时期被称为“强项令”（硬脖子的县官）的董宣，就是一个很有操守的典范。

汉光武帝刘秀的姐姐湖阳公主有个家奴，仗势横行，在光天化日下杀了人，然后躲在宫中，官吏抓不住他。洛阳县令董宣为了维护正义，利用湖阳公主外出的机会，用计逮捕了这个家奴，并立即将他处死。湖阳公主回宫后在光武帝面前又哭又闹，说董宣藐视皇族。刘秀听后大发雷霆，即招董宣入朝，下令武士将他乱棍打死。董宣面不改色，对刘秀说：“公主纵容杀人，如不惩治，势必乱法；乱法则危君。我为君执法，而遇杖毙，何罪之有?"说罢用头去撞柱子,碰得头破血流。刘秀深感自己理屈,但又要给公主面子,就让董宣给公主叩头赔礼。可是,董宣坚决不干。刘秀命人按着他的头,董宣则以手撑地,挺直脖子,在喊:"臣无过,公主有过,不能赔礼!"董宣就是不低头。刘秀见状只好说:"强项令,下殿去吧。"后来,刘秀还用30万钱奖赏董宣,但他一钱也不要,全部分给了下属。

从此以后,董宣更加刚正不阿,严格执法,使豪强势力不敢为非作歹。当地的人称他为"卧虎",并赞扬说:"桴鼓所以不再鸣,因为出了董少平(董宣字少平)。"

董宣当了5年的县官,74岁那年死在任上。光武帝派人去董家吊唁,只见布被盖尸,老婆孩子对着痛哭,一问才知他的家里只剩下几斛麦子,一辆破车。刘秀得知情况,十分哀恸地说:"董宣廉洁,死乃知之!"

历史上,"宁可玉碎,不为瓦全"的志士,举不胜举。南北朝著名无神论者范缜不"卖论取官";晋代大诗人陶渊明不愿趋炎附势同流合污;唐代浪漫主义诗人李白蔑视权贵,傲岸不屈等等。他门的品德流芳百世,传为美谈。

到了近现代,中华民族的这一美德得到发扬光大。多少仁人志士、共产党人在同反动黑暗势力的斗争中表现出来的铮铮铁骨,同样令人钦佩。

傲骨之铭

当渴求上进的徐悲鸿准备告别家乡去上海寻找学习和工作的机会时,宜兴始齐女子学校的国文教员张祖芬赠给他两句话:"人不可有傲气,但不可无傲骨!"徐悲鸿以此为座右铭,牢牢记在心上,成为他终生恪守的格言。

考进震旦大学后,徐悲鸿面对一些纨绔子弟的冷讽热嘲暗暗发誓:"我就是睡地板,喝西北风,也要争口气,和这势利小人比试比试,看看究竟谁有能耐!"结果,他的学习成绩一直名列前茅,被周围人视为强者。

1920年初夏,徐悲鸿在法国以优异成绩考取了国立巴黎最高美术学校。每到星期日,他便到罗浮宫、凡尔赛、罗丹、奇美等各大博物馆临摹世界名作，恨不得把所有名画都临摹下来带回祖国研究。他常自问："为什么外国人能画出来的，我们中国人就画不出来？中国人民是智慧的人民，只要我们肯于学习，敢于奋斗，外国人能创作出来世界美术名作，我们中国人一定能创作出来！"应该说，徐悲鸿后来创作的《田横五百士》《徯我后》《愚公移山》等名画，正是这种决心的硕果。徐悲鸿在巴黎学习时，一个狂妄自大的洋学生故意挑衅说："中国人愚昧无知，就是把你们送到天堂去深造，天天让达·芬奇手把手地教，也成不了材！"徐悲鸿马上愤怒地反击说："我代表我的祖国，你代表你的国家，我们来比试比试，结业时看看谁是人材，谁是蠢材！"三年后，徐悲鸿的油画《远闻》《怅望》等展示，惊动了巴黎。那个洋学生不得不向徐悲鸿鞠躬，承认错误说："在竞赛中，你是胜利者。我是有眼不识泰山！"傲骨之铭，一直是徐悲鸿的生命支柱。在他整整一生的奋斗历程中，傲骨之例，不胜枚举。

朱自清不领"救济粮"

"朱自清一身重病，宁可饿死，不领美国的吴晗'救济粮'"（《毛泽东选集》第4卷，第1499页）

我对这件事特别感到亲切、悲愤。时隔十几年了，现在读到这几句话，当时情景还历历在目。

1948年6月间，当时国民党政府的法币像大江东下一样，时时刻刻在贬值，买一包纸烟要几万块钱。教授的薪水月月在涨，但法币贬值更快，物价涨得更快，原来生活比较优越的教授们，此时也和广大人民一样难以生活下去。特别是家口众多的人，生活更为困难。

国民党政府也知道人民的怨恨，特别是高等学校知识分子，他们更是对这种情况忍受不下去。于是便要了一个手法，发了一种配购证，可以用较低的价格买到"美援面粉"。

正当这个时候，美国政府积极扶助日本，美国驻华大使司徒雷登对中国人民告发诬蔑和侮辱的叫嚣。

一面是廉价收买，一面是扶植日本，侮辱中国人民。我们一些人商量了一下，要揭穿国民党政府的阴谋，抗议美国政府的侮辱，发表一个公开声明。声明是这样的：

为反对美国政府的扶日政策，为抗议上海美国总领事卡宝德和美国驻华大使司徒雷登对中国人民的诬蔑和侮辱，为表示中国人民的尊严和气节，我们断然拒绝美国具有收买灵魂性质的一切施舍物资，无论是购买的或给与的。下列同人同意拒绝购买美援平价面粉，一致退还购物证，特此声明。

三十七年六月十七日

声明写好了，要征集签名，也和往常一样，决定每人负责联系若干人。我拿着稿子去找朱自清先生。

当时，他的胃病已很重了，只能吃很少的东西，多吃一点就要吐，且面庞瘦削，说话声音低沉。他有许多孩子，日子过得比谁都困难。但他一看完稿子便立刻毫不迟疑的签了名。他向来写字是规规矩矩的。这次，他还是用颤动的手，一笔不苟地签上了他的名字。

于此，也应该交代一笔，1946 年从昆明回到清华园以后，他的态度有了显著的改变，不再沉默了。他反对内战，讨厌国民党。对共产党的看法也开始改变了，他曾在公开集会上朗诵解放区的诗歌，有时候还和学生们一起化装扭秧歌，弄得满头是汗。在反对美国反对国民党的一些宣言、通电、声明等等的斗争中，我总是找他。他一看见我，也就明白来意，“是签名的吧?”看了稿子，就写上自己的名字。就我记忆所及，大概十次中有八九次他是签名的。也有不签的时候，原因是文字的火气大了一些。

这次，我也曾找了另外一些教授，都是平时比较熟的。或是住在附近的，大多数签了名，但也碰过钉子。有个教授只有 3 个孩子，但他的答复是干脆：“不！我还要活！”

朱自清的胃病是饿出来的，家里人口多，要他养活。在昆明的后期，有人算过帐，我们这类人的薪水折合战前的银元仅十几元钱。

朱自清对政治是关心的，但不大发表意见，可说是温文尔雅，没有火气。抗战时期，消息被国民党封锁了，对于国民党对日本帝国主义消极抗战，对共产党却积极摩擦，掀起几次反共高潮的真实情况，大后方的人们是不清楚的。他认为只要抵抗，生活过得苦一些也应该，很少发牢骚。昆明的许多政治活动，他虽然同情，但很少参加。到了国民党反动派暗杀了闻一多，他感到极大愤慨。复员回到北平以后，又看到美帝国主义帮助国民党发动内战，大打特打，他的态度变了，在美帝国主义者及其走狗国民党反动派面前站起来了，除了很少几次的例外，他参加到我们的行列里来了。

7 月 23 日，在清华大学工字厅举行"知识分子今天的任务"的座谈会，这是他最后一次参加的政治活动。我亲自到他家请他。和他一起漫步从北院走到工字厅。他走一会儿，停一会儿，断断续续地对我说："你们是对的，道路走对了。不过，像我这样的人，还不大习惯，要教育我们，得慢慢地来。这样就跟上你们了。"开会对他也发了言，主要一段话也还是这个意思，他说："知识分子的道路有两条：一条是帮凶帮闲，向上爬的，封建社会和资本主义社会都有这种人。一条是向下的。知识分子是可上可下的，所以是一个阶层而不是一个阶级。要许多知识分子都丢开既得利益，是不容易的事。现在我们过群众生活还过不来。这也不是理性上不愿意接受，理性是知道应该接受的，是习惯上变不过来。"

他拒绝购买美援面粉，在签了名以后，这天的日记记了这件事：

6 月 18 日，此事每月须损失 600 万法币，影响家中甚大，但余仍定签名。因余等既反美扶日，自应直接由己身做起。

由此可以看出他的决心。不只如此，在逝世前一天，他还告诉他夫人："有一件事得记住，我是在拒绝美援面粉的文件上签过名的！"

见义勇为，舍身取义

在中华民族面临生死存亡的危急关头，中国人民具有坚持真理，追求正义的崇高品德。古往今来，大批仁人志士为中华民族的振兴，见义勇为，舍身取义。屈原抱石怀沙，投身汨罗江。明惠帝侍讲学士方孝儒，拒绝为燕王登基起草诏书被诛十族（包括方的学生）。杰出的维新志士谭嗣同，在变法失败后，当一些朋友劝他迅速出逃以防不测时，他说："各国变法，无不从流血而成，今日中国未闻有因变法而流血者，此国之所以不昌也。有之，请自嗣同始。"他不幸被捕后，在刑场上，面对铡刀，仍然脸不改色心不跳，对着上万名围观者高呼："有心杀贼，无力回天；死得其所，快哉、快哉！"从容赴义。

共产党员夏明翰，在狱中给大姐及其女儿的遗书中说。"认定了共产主义这个为人类解放造幸福的真理，就刀山敢上，火海敢闯，甘愿抛头颅、洒热血！"敌人的镣铐锁不住烈士对真理的追求，死亡动摇不了烈士对真理的信仰。向警予在狱中对难友说："人都应该珍惜自己的生命，然而到了不能珍惜的时候，只有勇敢的牺牲自己。"在敌人法庭上，她义正词严：试问，"为祖国争取独立、民主和解放，为无产阶级争自由、平等和幸福，犯了什么罪"？正如毛泽东同志所言：闻一多拍案而起，横眉怒对国民党的手枪，宁可倒下去，不愿屈服；朱自清一身重病，宁可饿死，不领美国救济粮……，他们表现了我们民族的英雄气概。

富贵不能淫，威武不能屈

西汉苏武作为使者出使匈奴，被扣留 19 年。匈奴单于曾多方诱降，甚至把他囚于地窖中，断绝饮食；后又把他迁到北海（今贝加尔湖）边牧羊，声称要公羊产羔，才放他回去。但苏武始终不为名利所动，不被威胁所屈，不以个人身家性命为念，忠于汉朝，受到人们的敬仰。

南宋抗元英雄文天祥，兵败五坡岭而被俘。在燕京被囚三年，面对各种威胁和利诱，但他坚贞不屈，还写了一首气贯长虹的"正气歌"。这首 60 句、300 字的长诗，热情洋溢地宣扬了中华民族"浩然正气"的优良传统。在《过零丁洋》一诗中，发出"人生自古谁无死，留取丹心照汗青"的铿锵誓言。他那视死如归的英雄气概，感人肺腑，催人泪下，为千古所传颂。

广州起义失败后，共产党员周文雍和陈铁军，继续扮演假夫妻返回广州，不幸同时被捕。敌人用高官厚禄引诱他们，后又施以严刑酷打，都未能使他们屈服。敌人强迫周文雍写“自首书”，他挥毫揭露敌人的种种罪行，后又用“头可断，肢可裂，革命精神不可灭，壮士头颅为党落，好汉身躯为群裂”的绝笔诗作结言，表现出宁死不屈的大无畏精神。陈铁军面对敌人的威逼利诱，斩钉截铁地说：“要杀就杀，废话少说！”敌人将他俩同时押赴刑场，陈铁军向群众发表演说：过去我俩一直是纯洁的同志关系，今天我要向大家宣布，“当我们把生命献给党时我们就要举行婚礼了，让反动派的枪声，来做我们结婚的礼炮吧！望你们勇敢战斗，共产主义一定会胜利”！说完，她迈开步伐走到周文雍跟前，热烈亲吻他，两人拥抱在一起，在刑场上举行别具一格的庄严婚礼。

名震世界的数学家华罗庚，听到新中国成立的消息后，热泪盈眶，谢绝在美国担任终身教授的重聘，于 1950 年 2 月毅然携妻带子回国。其他侨居国外的著名科学家李四光、竺可桢、钱学森、童第周、茅以升、钱三强、谢希德等，也都坚决舍弃国外优厚的物质生活，战胜各种困难，先后回国参加社会主义建设。汽车、洋房、美元和荣誉，都留不住他们，因为他们都有一颗炽热的爱国之心。

卧薪尝胆，自强不息

越王勾践被吴国打败，囚吴 3 年，替吴王夫差养马，受尽屈辱。但他卧薪尝胆，忍辱负重，在取得夫差信任而被放回后，发愤图强，经过“十年生聚，十年教训”，使越国获得振兴，并最终打败了吴国。左丘明双目失明还撰《国语》，孙子遭膑刑仍著《孙子兵法》，屈原遭放逐，乃成《离骚》，司马迁受“腐刑”而作《史记》，都是在逆境中成就大事业。

中国人民在鸦片战争后蒙受屈辱，但“位卑未敢忘忧国”，自强不息，努力奋斗，终于在中国共产党的领导下，经过抗日战争、解放战争以及社会主义革命和建设，使中国迅速强大起来，成为独立自主、不容欺侮的社会主义国家。其中贯穿着中华民族传统美德的潜移默化作用。

著名科学家王贤才，1957 年被错划为“右派”，坐了 9 年冤狱，遭受了各种磨难。但他没有因此而气馁，而是在极端困难的条件下，以顽强的毅力，花了 28 年的时间，译出《希氏内科学》这部 1000 多万字的世界医学巨著的最新版本（第 15 版），使我国成为世界第一个出版这部最新译著的国家。1984 年，他被国家科委授予“作出突出贡献的中青年科学家”的荣誉称号。

挚友深交 淡淡如水

我们的民族历来注重人情。《诗经》中就有“嘤其鸣矣，求其友声。相彼鸟矣，犹求友声；矧伊人矣，不求友生。”意思是说，鸟儿嘤嘤地叫，意在求得友谊的回声。请看鸟儿之间尚且本能地寻求朋友，更何况是人呢，能不寻找朋友吗？可见，早在 3000 多年前，我们的祖先就在讨论朋友关系的问题了。

在我国历史上，有个动人故事：“伯牙摔琴谢知音”。相传，春秋战国时期楚国有个叫俞伯牙的人，很善弹琴，可是很少被人理解，为此，他十分苦恼。后来，他遇到一位叫钟子期的樵夫，此人非常欣赏他的演技。伯牙弹琴时想着高山，子期听了说，“好啊，就像是见到了巍峨壮观的泰山。”伯牙想着流水，子期听了说：“妙极了，又如奔腾的长江大河！”伯牙为遇到这样的知音而高兴，两人遂待为“知音契友”，并约好第二年中秋到此相会。到了第二年，伯牙如约赴会，久等子期未遇，一打听才得知子期已于几个月前因病去世。伯牙听到这一不幸消息，悲痛欲绝，在子期墓前抚琴伤悼。哀曲奏毕，伯牙想，从此再无知音，琴瑟又对谁弹，于是将琴摔得粉碎，以此酬谢子期这位“知音”。

这个“高山流水遇知音”的故事流传千古。“知音”不仅成为知心朋友的代名词，也是朋友关系中高尚友谊的象征，是中华民族在交友过程中所追求的最高境界。

春秋战国时期的思想家庄子说过：“君子之交淡若水，小人之交甘若醴。君于淡以亲，小人甘以绝。”意思是说，君子之间相互交往，以真诚相待，肝胆相照，像水一样清淡；而小人之间的交往，相互恭维，甘言蜜语像甜酒一样。君子之间看似清淡而友谊真挚、深厚，小人之间看似甜蜜，但很容易破裂。庄子的交友之道，千百年来在中国影响很深。

语言文明

文明礼貌的称谓

我国素有“礼仪之邦”的誉称。自古以来，人与人的相处和交往中，形成了许多文明礼貌的称谓。例如：

父母称高堂、椿萱、双亲、膝下。

称别人的父亲为令尊，母亲为令堂。

称别人的兄弟姐妹为令兄、令妹，别人的儿女为令郎、令媛。

称自己的父母兄弟姐妹为家父、家严、家母、家慈，家兄、家姊、舍弟、舍妹。

妻父俗称丈人，雅称岳父、泰山。

兄弟称昆仲、棠棣、手足。

夫妻称伉俪、配偶、伴侣。

妇女称为巾帼，男子称须眉

夫妻一方亡故叫丧偶，夫死女方未嫁者称寡、孀。

父母死后称呼加“先”字，如父死称“先父”“先严”“先考”，母死称“先母”“先慈”“先妣”；称已死去的同辈人则加“亡”字，如亡妻、亡妹。

称别人家庭院为府上、尊府，自称为寒舍、舍下、草堂。

老师称恩师、夫子；学生称门生、受业。

学校称寒窗，同学称同窗。

以上这些称谓，今天口头上虽然使用的不多，但有一部分称谓仍可从一些文章书信中常常见到。

礼貌用语二十例

初次见面说:您好;

客人到来说:欢迎;

好久不见用:久违;

欢迎购物用:光临;

求人解答用:请教;

赞人见解用:高见;

看望别人用:拜访;

陪伴朋友说:奉陪;

等候客人用:恭候;

请人帮助说:请多关照;

表示歉意说:对不起;

麻烦别人说:欢迎下次再来;

中途先走说:失陪了;

表示答谢说:谢谢;

接受感谢说:这是我应该做的;

表示礼让说:您先请;

助人为乐说:我能帮助您做什么?

征求意见说:请指教;

表示慰问说:给您添麻烦了。

书信末尾的礼貌语

书信末尾的礼貌语，多用祝贺的词语。它起初并没有固定的形式，直到清光绪、宣统年间，方才讲究起来。给父母及长辈写信，末尾问安要冠以含有敬重意义的词，如“恭请金安”或“钧安”“颐安”等。“颐”是保养的意思。

朋友间通信问安，对方如是文人学士，颂其“撰安”“著安”“文祺”；是商人，可称“财安”。如对方夫妻共同生活，祝“双安”“俪祉”。俪，成对之意；祉，福的意思。现在常用的是祝“安好”“安健”，问候病人常用“痊安”。更多的用“敬礼”“祝愉快”“祝进步”“祝健康”“祝好”等。

“看菜吃饭，量体裁衣”

——说话要看对象

中国有两句俗话，叫作：“见什么人说什么话”“看人下菜碟”，这两句话多含贬义，往往是用来指说那些逢迎取巧的人。但是，如果排除了其中的贬义，这两句话对于学习语言运用来说却是很有指导意义的，那就是告诉我们：说话要看对象。

说话要看对象，意思是指要看对象的身份、地位、年龄、性别、职业、文化水平，等等。当我们与人说话的时候，必须了解对方的上述情况，然后选择与之相适应的表达方式，才能取得交际的成功。

比如有一个学生问一位教授：“你今年几岁了？”教授听了很不高兴，

不予理睬。这是为什么？原来这个学生犯了说话不看对方身份地位及年龄特点的错误。首先，学生对老师（下对上）不能称"你"，而应该称"您"，因为"您"表示尊称。其次，他问"几岁了"，这在普通话中是对十岁以内的小孩的问法，这样问一位教授，显得十分没礼貌。

日本一位教授举过如下一个例子：

成人：贵庚几何？

孩子：不知道。

成人：你有哪些雅好？

孩子：不知道。

成人：你的理想和抱负是什么？

孩子：不知道。

很显然，这次交际失败了。究其原因，就在于这位成人没有考虑对方是个孩子（涉及到年龄和文化水平）。这种情况在中国人对中国人说话的情况下，当然是笑话。但在外国人没有学透汉语的情况下，是可能出现的。上面三句问话如果说成下面这样，孩子就会听懂了：

你今年几岁了？/你都喜欢干什么？/你长大了想干什么？

说话时也要注意对方的性别。比如按照惯例，和女性谈话时不该问人家的年龄和婚姻状况。但有些国人（特别是农村老太太）却不懂这个规矩，见了女孩子喜欢问："姑娘多大了？有对象了没有？"这在外国人听来是很不礼貌的，就是有文化素养的中国人听了，也会不高兴回答的。另外，当面夸女性漂亮，在中国人也是不习惯的，仿佛有居心叵测的嫌疑。但在外国人看来这是客气的表现，还要答一声"谢谢"呢。

此外，中国人有时喜欢问对方的工资是多少，这问题绝不能向外国人提出，否则会被看作不尊重对方隐私权。

和一位农民谈话与和一位教授谈话，选词用句都会有区别。就拿称呼来说吧，你对农民可以称呼"老大爷""老大娘"，而对教授这样称呼，一定会碰钉子。你得称呼"先生""老师"，或直接称"×教授"。记得有一年的某一天，我走在南开大学校园的小路上，迎面来了一位工人模样的人，向我问路时称我为"师博"，我心里感到很别扭。"师傅"是对工人的称呼，在校园里称教授为“师傅”很不妥。这就是没看对方职业和文化水平所致。

总之，交际不单单是传递信息而已，它涉及到诸多的语用因素。尤其在涉外交际中，更有许多讲究，如不注意，往往会造成交际的失败。因此，要想取得成功的交际效果，必须考虑说话要得体，这其中就包括要注意看对象，亦即“见什么人说什么话”。

令尊老头子玩艺儿

——礼貌用语

说话要得体，对人要有礼貌，这是应有的社会公德。请看下面几则小故事：

从前有个农夫，听人说“令尊”二字，不解其义，便去请教邻村的一个秀才。

“请问相公，这令尊二字是什么意思？”

秀才轻蔑地看了农夫一眼，心想，这乡巴佬连令尊是对别人父亲的尊称都不懂，真傻。便戏弄农夫说：

“这令尊二字的意思，是和别人说话时称呼对方的儿子。”

农夫信以为真，就和秀才攀谈起来：

“相公家里有几个令尊呢？”

秀才气得脸色煞白，可又不好发作，只好搪塞说：

“我家中没有令尊。”

农夫看他那副难堪样子，以为秀才当真因为没有儿子而心里难过，就诚恳地安慰说：

“相公没有令尊，千万不要为难。我有四个儿子，你看中了哪个，就送给你做令尊吧！”

秀才听了气得浑身发抖，却瞠目结舌，说不出话来。

“令尊”，是过去有文化的人尊称对方的父亲时使用的敬辞，现在一般已很少使用。又如“令堂”是尊称对方的母亲。“令爱”“令媛”是尊称对方的女儿，“令郎”是尊称对方的儿子，“令阃”是尊称对方的妻子，“令亲”是尊称对方的亲戚。此外，还有“令兄”“令弟”“令姐”“令妹”等敬辞，这些敬辞都有特定的指称对象，带有比较文雅的色彩。今天，我们如果偶尔使用这些敬辞，一定要弄清它们的准确含义和指称对象，还要注意谈话对方的身份。如果和小孩或文化水平较低的人交谈，就不宜使用这些敬辞。

上文中的酸秀才戏弄善良的农夫，结果自己吃了大亏。

有个小孩儿在家里经常听见奶奶叫爷爷“老头子”，爷爷总是很高兴地答应着。有一天，孩子学奶奶叫了声：

“老头子，领我去公园玩吧！”

爷爷生气了，沉下脸来说：

“胡说八道！一点礼貌也不懂，怎么能叫爷爷老头子呢？”

孩子委屈地说：

“奶奶天天叫你老头子，你都高高兴兴的，为什么我才叫你一次，你就生气骂人呢？”

爷爷没好气地回答：

“奶奶能叫，你不能叫。”

孩子不解地争辩：

“为什么？你不是常说，人都应该是平等的吗？”

“老头子”是俗称，指年老的男子，常常带有讨厌、嫌弃的感情色彩。如：“这糟老头子，真讨厌！”“这老头子，太腻味人啦！”而年老的妻子称自己的丈夫为“老头子”，不含贬义，有时带有亲昵的感情色彩。如：“我们老头子知冷知热，特会疼人。”晚辈对父辈、祖辈绝对不能叫“老头子”，年轻人对年老的男人也不该称“老头子”或“老头儿”。否则就是不文明、不懂礼貌的表现，和“人都应该平等”没有关系。

安徒生很俭朴，常戴着破旧的帽子在大街上行走。

有个行路人嘲笑他：

“你脑袋上边那个玩艺儿是什么？能算是帽子吗？”

安徒生回敬道：

“你帽子下边的那个玩艺儿是什么？能算是脑袋吗？”

安徒生是19世纪丹麦童话作家。生活俭朴，不讲究穿着。但却写出了《丑小鸭》《皇帝的新装》《卖火柴的小女孩》，等一大批不朽的作品。“行路人”对安徒生恶意嘲笑，多么庸俗无聊！安徒生的回敬辛辣淋漓，令人拍手称快！

一老汉到鞋帽店去买帽子，售货员是个语言粗俗的姑娘。

“姑娘，哪种帽子好哇？”老汉问。

“没长眼吗？货架上明摆着。”姑娘答。

“没大没小，不买啦！”老汉掉头就走。

“哎，怎么不买啦，大的小的都有呀！”

“我要的是礼貌，你有吗？”

这位售货员对顾客态度生硬，没有礼貌，败坏了职业道德，伤害了社会人际关系，气走了顾客，危害性极大。

问候是开人心扉的钥匙

曾发生过这样一件事。一天下午，地铁车内有一位中年妇女打招呼说：“对不起，请给让个座儿吧？”这样一来，眼看着挤得满满的椅子，马上就空出了个连大力士都坐得下的位子。中年妇女说一声“实在对不起，谢谢啦”就坐下了，这时周围的气氛就像什么事情也没发生过那样安静，这种美好的氛围是这位中年妇女的问候酝酿出来的。在这里，本来不是问候语，却在问候中得到巧妙的运用，成了一把开心的钥匙。类似的语言还有以下这些：(1)谢罪语如对不起、实在抱歉、劳驾、过意不去、失礼、请原谅等；(2)慰问语如辛苦了、受累了、麻烦了等；(3)同情语如这么忙啊、不得了啦等；(4)拜托语如关照、承蒙关照、拜托等；(5)致谢语如多谢等；(6)挂念语如身体好吗、不妨碍的话等；(7)赞赏语如太好了、真棒、太美了等。

出于爱心说话

伊斯兰教的先知们要求弟子在说话的问题上要把三道关卡：一，你说的活是实话吗？二，你要说的话是此时此地非说不可的吗？三，你的话是待人厚道的吗？我们在忠告、劝导和批评什么人的时候，也要把好这三道关卡。这就是讲求心理策略，出于爱心说话。

例如：一个14岁的女孩，偶然认识了一个外地的中年男子，男子英俊潇洒，谈吐自如。频繁的书信来往，伴着女孩读完了高中，她单纯崇拜的情感也发生了变化。终于，那位男子来信让她到他那边去，并答应为她“安排一切”。她欣然同意前往，家长、朋友都竭力劝阻，可她执意不听，并买好了火车票。临行前，她拔通了中小学生热线电话，说：如果咨询员不能用与家长不同的方法来说服她，她立刻启程。咨询员详细问了情况后说：“我也是一名中年男子，我要是喜欢一个比我小十几的女孩而又没有非分之想，我不会让她孤身前往来看我，我会设法去看她；喜欢美是人的天性，喜欢一个天真无邪的女孩，并愿意给她一些力所能及的帮助、互相通信都可以的，但我决不会背着自己的妻子。”女孩听了这番真诚的开导，终于说：“你说服了我，我决定不去了。”

为什么孩子愿意将心里话告之热线呢？他们需要一种平等的交流。心灵与心灵之间的平等，才是交流的桥梁。

还有这样一种误解，移情交流，只是为了照顾对方的情面，迁就他人的利益，而对自己却有点委屈，甚至是舍弃了自我。其实不然，人际交流是互动即互相影响的过程。你要改变别人就先要改变自己。你要给人刮胡子,先抹点剔须膏不是可以刮得更好吗?

比如,一位厂长在经过“禁止吸烟”的地方发现有几个工人抽烟。他出于管理的责任心可能会严厉训斥两句。这样说话虽然在原则上没什么不对,却会影响这几个工人对他不满意、发牢骚。如果他讲求心理策略,出于爱心说话,就会凑到几个工人眼前,取出烟来请客,而当有人要给他点烟时,心平气和地提醒人家注意安全,遵守厂规,到别处去吸烟。这样不仅解决了问题,而且能够沟通感情,密切关系。你的目的达到了,怎么是委屈自己呢?

卡耐基说得好:我们训练宠物时候都知道对它的细微进步及时给予赞许,那么,对于一起生活或谋事的人,为什么不试试这个善解人意、出于爱心说话的方法呢?所以我们要牢记出于爱心说话的三项原则:一、你说的话是否合乎事实;二、你说话的意图是否为了对方的最大利益;三、你说话的态度与方式是否诚恳和善。

真正的赞扬并不是虚伪的恭维

赞扬具有不可思议的力量。它在人际交往中是最好的礼物和报酬,是滋养心灵的雨露和阳光。如今人们做生意最讲求投入小而收益大,而赞扬别人就是以微小的“投资”获取极大“利润”的秘诀,可有许多人却不肯经常这样做。这是为什么呢?

对此,人们会有种种理由来解释,比如:与陌生人刚认识,对人家还不大了解,怎么好赞美?朝夕相处,彼此早已相知,何必还要讨好卖乖?异性交往,尤其是面对一位年轻漂亮的女郎,实在不好意思,人家会怀疑你居心不良;有的人正春风得意,明知人们对他评价很高,自己何必去凑这个热闹?对于领导者更不能随便讨好,别人发现了会说你溜须拍马,削尖脑袋往上爬呀！还有，有的人一身毛病，实在不怎么样，有什么可赞美的？……总之，若想寻找不必对别人表示赞扬的理由是很容易的。这些想法在逻辑上也许不无道理，但它却严重阻碍我们在人际交往中走向最佳状态！在这里，我们不妨参考一下一位青年朋友的亲身体会。他说：

早在上学的时候，我就知道并喜欢歌德的一句名言："最真诚的慷慨就是赞赏"。然而那时候，我并不直正理解这句话的涵义。我总认为只要让父母、教师和同学们承认与赞赏自己就是最大的收获，从来不想我给别人什么感受，尤其对于跟我有不同意见的熟人朋友，我总是毫不客气地反唇相讥，言词咄咄逼人。久而久之，朋友们对于我的高谈阔论表现出一副不屑一顾或加以嘲笑的样子。为此我苦恼过，抱怨过，甚至愤然不平。但是，当我增长了见识、静心反思之后才发现自己是多么幼稚、自私、浅薄，只知道索取他人的真诚赞赏，自己却吝啬得不肯付出一点对他人的赞赏。其实，生活中每个人都有一份不俗或过人之处，只是许久以来，我总是把别人当作小草一样俯视，而从未发现和赞赏别人的美好之处。这样，我也就把别人对自己的赞赏当作了自我陶醉的美酒，而不能当作自我更新，回报对方的一种动力。

这位朋友的反思道出了我们许多人使人感到居高临下，骄傲自满的缘由。不肯赞扬别人的想法不论有多少种，总的来说无非是两方面的原因：一是心态不够积极，自卑或自负；二是不懂得交际的奥秘，分不清赞美与恭维有什么本质的区别。

赞美与恭维确实有共同之处，二者都要洞察别人的心理，说别人爱听的好话。但在本质上二者却截然不同。恭维奉承的特点可由"拍马""溜须"的来历说明其目的是趋炎附势、讨取欢心，在虚伪夸大的赞词背后隐藏着心术不正，别有用心的动机。而真诚的赞赏是出于真实的感受，是把人与人之间本已存在、理应发展的相互尊重与友爱表达出来。卡耐基说得好："恭维是从牙缝里挤出来的，而赞美是发自心灵的。"人的发展、社会的进步必须要有人与人相互尊重与友爱这个不可缺少、无比可贵的条件，而学会赞扬才能实现这个条件。因为赞美的实质就是表达交流彼此的尊重与友爱，所以它可以说是人类心灵升华和人际关系的伟大杠杆。

你会使用“您”吗？

——正确地使用敬称

记得刚上大学一年级时，班上有位广东来的同学，普通话说得不好，不仅发音不准确，有些词用得也不得当，因此闹出一些笑话来。有一天，下课以后他问一位年纪很大的教授：“你今年几岁了？”教授听了他的话不禁露出惊讶的表情，同学们也都愕然，然而他却不知自己说错了什么话。这就是方言在作怪。在广东话中，没有“您”这个表示尊称的词，“几”也不限于问“十”以内的数字。

如果说这位广东同学的说话还可以原谅，那么某些北方人的说话就是缺乏教养的表现了。

在我做了教师以后，有时也听到一些学生直呼“你”，心里总感到不是滋味。记得1975年，当时的工农兵学员下乡采访，有一位学员是北方人，普通话说得很好，就是跟谁说话都称“你”，显得很不礼貌。有一次我提醒了她，她却不以为然，认为讲礼貌是资产阶级那一套。这当然反映了那个时代的“左”的倾向，但也不能说与她本人的修养无关。

孩子对长辈，学生对老师，下级对上级，说话时要称“您”，这是礼貌的表现，也说明说话人有教养。如果对谁都称“你”，有时就会造成很坏的效果，甚至出现严重后果。看过曹禺话剧《日出》的，都会记得这样一个细节：李石清当上几天襄理就忘乎所以，对经理潘月亭说话居然称起“你”来，这引起潘月亭的极大不满，后来找机会把他解雇了。请听潘月亭下面这段台词：

潘月亭：好，我不陪你了。你以后没事可以常到这儿来玩玩。你叫我月亭也可以，称兄道弟，跟我“你呀我呀”地说话也可以。现在我们是平等了。

潘月亭这番极尽讽刺挖苦之能事的话，就是李石清“你呀我呀”地说话招来的后果。可见礼貌语言有时是多么重要。

但是，对人称“您”要看对象。这除了前面提到的下对上要称“您”以外，用“您”既表示尊重，又表示不是很亲近。所以对很亲近的人，则又用“你”不用“您”、如果同学之间。朋友之间也都称“您”，就显得不够亲近、有些疏远了。

上对下不能称“您”，否则显得不够真诚。我见过一位老师给他的学生写信，竟然称对方为“您”。叫人看了，不禁起鸡皮疙瘩——未免太不自然了。

学会正确地使用敬称语言，是做到文明礼貌的必要条件。切不可小看这件事。

如何说“谢谢”

“谢谢”这个词，有无限的内涵，不仅是礼貌用语，而且也是沟通人们心灵的钥匙。说“谢谢”时，应该遵循七条规则：

一、说“谢谢”的必须诚心诚意，发自内心，表示确实有感谢对方的愿望，并赋予“谢谢”这个词一定的感情和生命。这样，才能使“谢谢”这句话说出来的时候听起来不死板，不感到是一种单纯应付的客套话，从而使你的感谢成为特别的感谢而不是普通的感谢。

二、说“谢谢”时，要认真、自然、直截了当，不要轻描淡写地、含糊地嘟噜一声，更不要怕别人知道你在道谢而不好意思。

三、说“谢谢”时，应有明确的称呼，通过称呼被谢人的名字，使你的道谢专一化，如果你要感谢的是几个人，那就不仅仅要说一声“谢谢大家”，还要一个个地向他们道谢。这样就会在每个人的心里引起反响和共鸣，达到感情的进一步交流。

四、说“谢谢”时，要有一定的体态，头部要轻轻地一点，目光要注视着你要感谢的人，而且要伴随真挚的微笑，这样在对方心里引起的反响会更强烈。

五、说“谢谢”时，要选择恰如其分的适当时机，这样才能使对方切实感到你是在对他的高尚行为和礼貌言行进行一种回敬和酬谢。

六、说“谢谢”时，要及时注视对方的反应，如果对方对你的道谢感到茫然时，你要及时用简洁的话语道出向他致谢的原因，这样才能使你的道谢达到应有的目的。

七、说“谢谢”时，也要注意在特殊场合、特殊人员中的运用。比如，当别人不曾想到或感到值得感谢时，你若亲切地脱口而出地说声“谢谢”，那么，尽管是情理之中，也会使对方感到意外，这时的一声“谢谢”收到的效果将是平时万声“谢谢”所达不到的。

道歉的艺术

道歉时，你绝不能装着干其他事情。当你批评下级，后来证实是你的过错时，你就不应一边翻着杂乱的信件，一边向他道歉。你得罪了女主人的贵客，为表示歉意送去一束鲜花，若你不提自己的粗暴举止，也达不到道歉的目的。

道歉是否奏效，最关键的一个因素是看我们愿不愿意承担责任。我们常喜欢找借口，这样就达不到道歉的目的，别人也不会宽恕我们。

及时的道歉，在人们最亲密的关系中可能更为重要。不少人有这种想法，亲爱的人之间似乎不要拘泥那种礼节。

当然接受道歉和道歉一样，也是十分重要。有一位女士，当她的孩子承认错误之后，她总要再拥抱、亲吻他们。她说："我是想让孩子们知道，他们不必为了被别人所爱，就隐瞒所干的坏事情——因为互爱的人也互谅。"

让你的话倍受欢迎的五条原则

说话是为了传递信息、发表意见、推出主张。要达到这个目的，不仅要表现得充分到位，更取决于对方的接受情况。有些人慷慨陈词，神采飞扬，但听者却态度冷漠，或者予以驳斥、回击，直至双方不欢而散。因为说话不受欢迎，不能深入人心，导致交谈失败，这是得不偿失的。那么，如何说话才能受欢迎呢？

懂得重视他人，勿突出自我

小袁说话口齿利落，语言精彩，内容中肯，观点独到，他自我感觉也良好，在单位总以能说会辩自居。可小袁并不怎么受听者欢迎，相反人们对他有一种嫌恶感。原因是小袁好把自己摆在突出位置，习惯于把听者当小学生看，甚至肆意贬低。这种只知卖弄自己不懂尊重他人的做法，如何能赢得别人的欢迎呢？

话是说给别人听的，谁都想在公众面前有更多的说话机会，并希望引起公众的巨大反响。谁都想抓住机会把思想表达清楚，把情感有效地融注进去，把精神充分地表现出来。但是一味追求这些，就容易犯小袁这种错误，不知不觉地突出、强调了自己，忽略、轻视了他人。殊不知要真正达到表现自己的目的，前提必须是尊重对方，否则效果只会适得其反。

为此，我们应做到以下几点：

1. 选择适当的时机说话。社会是个大家庭，大家都有说话的权利，都有说话的机会，你只能在该你说话时说恰如其分的话，不能想说就说，没完没了。

2. 保持一种谦恭的态度。说话难免有主观情感成分，但要加以抑制和净化，保持一种淡泊、平静的基调。不能在无意中造成对他人的伤害。以谦恭的口吻说话，才容易被他人接受。

3. 加强良好的说话修养。说话好突出自己，是一种幼稚的表现。一个修养好的人，总能为别人着想，把话说到对方的心坎上，恰如其分，让人叫好。

采用商榷口吻，勿草率争辩

现实生活中有一种"抬杠"的现象，所谓"抬杠"，就是没有价值的争辩。

争辩是是非之争、对错之辩、真假之战的对抗性说话方式；而商榷是一种相互探讨，力求达成一致的说话方式。商榷会使对方产生相容心理、悦纳心理，激起对方的参与意识和相亲情绪。一个动辄与你争辩一通，不善于通融的人，哪怕他振振有词，也难以激起你的热情。若换一种商榷的口吻，向你征询，与你商量，即便他的话很一般，你也会持欢迎态度。

怎样才能做到多商榷不争辩呢？

1. 学会发散思维。问题通常是多方面的。你持某种观点有理有据，别人持另一观点也自有道理。不必把大家的观点对立起来，会发散思维，就会理解别人。

2. 懂得全面看问题。观点与观点之间往往是相互补充、彼此一致的，并不完全是对立性的。当你确持有真知灼见时，也不足以否定别人观点。全面看问题，就会对他人意见有公正认识，不致于固执己见。

3. 具有辩证的态度。谁的观点也不能始终保证尽善尽美。既然你把它说出来了，肯定自我感觉良好，但必须辩证看待，不要把自己的看法绝对化、真理化，虚心听取他人意见，这更客观实在，更受欢迎。

尽量揭示问题，勿过早结论

有一个普遍的误解；就是以为只要张口说话就要陈明一个观点，拿出一个主张，而且还要掷地有声，这才有分量，否则最好免开尊口。事实并非如此，多数情况下，一时并不好拿观点下结论，也无这样的必要。相反，揭示问题，摆出事实，更有利于大家形成共识。

青年教师小胡每次教研会话题一出，他便迫不及待地发表一通“高论”，给人一种十分狂妄幼稚的感觉。如果他把教学中遇到的问题摆出来请大家共同商讨，显然更合适。他的这种方式在学生和群众中引起非议，大家甚至送给他一个外号叫“胡参谋”。

所以说，谈话时我们应该注意以下几点。

1. 改变对说话本质的认识。说话的本质是揭示问题，求得问题的解决，而不是表现自我。不过分张扬自我，更易得到认同，不锋芒毕露的话更易受到欢迎。

2. 充分相信他人的能力水平。人好自我感觉良好，好把自己的一得之见或瞬间感受绝对化、神圣化，其实难免粗陋肤浅，应相信他人也会有思想有主张，要有包容精神，不可坚持太多。

3. 养成深思熟虑的说话习惯。有话不要急于发表，不可随情感的冲动而不加控制，应以理智控制自己，在需要的时候再拿出成熟的观点。

严守高雅格调，勿斯文扫地

说话方式的综合表现，形成一个人的说话格调。无论是生活中的琐碎话语，还是公众场合的发言、演说，都会显示出一个人特有的说话格调。有人注重保持一个良好的说话格调，有的人则不够严格，因此对说话产生的影响就截然不同。

某女士是有名的“传声筒”“漏斗嘴”。“喂——昨天晚上……”原来她又在传扬某夫妻争吵的事，真是一张臭嘴，尤其那神态，更让人恶心。

某青年与一老者说话，用手指频频点示着，直抵对方鼻尖，末了又抬手重重拍在他肩上。老人一个踉跄，差点跌倒。在一个茶话会上，一先生站起发言，手舞足蹈，口水飞扬，俚语、脏话夹杂其间，敲桌子踢凳子，全场的人都缩紧身子大气不敢出。

以上情景在生活中屡见不鲜。这种“格调”斯文扫地，会把听者吓跑。

下面是几项注意要点：

1. 重视说话格调的锤炼。说话格调与说话内容具有同等重要的地位，在经营说话内容的同时，要重视锤炼一个好的合适的说话格调，以确保说话内容得以顺利传播。

2. 善于控制说话情绪。一个人在理智的情况下能够把握自己，在说话方式、体态控制上都能做到不乱方寸，稳妥适宜，而一旦情绪失控，则会导致说话格调的恣肆乖张。

3. 努力提高说话水平。说话水平的提高是全方位的，其中包括说话格调的提高。一个会说话的人会挥洒自如，游刃有余，保持一种良好的说话格调。

张扬朴实风气，勿装腔作势

大家都希望给人留下有口才会说话的良好印象，很自然在说话形式上就注意精雕细刻。这本是好现象，但物极必反。如果忽视了内容，过分在形式上强加粉饰，甚至以浮华的形式掩饰苍白的内容，就只能召来反感情绪。卡耐基曾谈到人们好搬用名人名句为自己的话语增光着色的“背光效应”，认为这是缺少主见、心理自卑的反映。与此类似的诸如堆砌词藻，说些七绕八转的囫囵话，都不过是矫揉造作，故弄玄虚，吓唬别人。

说话的根本所在就是有效迅捷地传递信息。与华而不实相反，朴实的说话方式真正切准这一根本点，显得自然而实在。写文章反对粉饰绮靡之风，说话也不例外。一位口语老师归纳他的学生说话中的几种“矫情病”：

一是好用欧式语；二是喜文白夹杂；三是爱用外来语，汉英夹杂、港粤语调等；四是堆砌词藻。看来张扬朴实的说话风气是很现实、很迫切的问题。

为此，我们应做到以下两点：

1. 注意用内容的力量打动人，而不是用浮华的形式吓倒人。浮华形式虽然美妙，但银样枪头，其实苍白，只会让人倒胃、厌烦。只有实在的内容，才会真正征服人心。

2. 对语言要有正确的认识。语言是内容的物质外壳，是信息的载体。只有恰当准确的语言，才能有效地表现思想，否则只能因文害意，有碍信息传递。

电话也可以传神

尽管电话线另一端的人实际上看不见你，但你的声音却能为他描绘出你的形象。如果你愁眉苦脸，电话中的声音也不可能温暖热情；同样，如果你说话时面带微笑，那么电波就会把微笑传递过去。电话这种传递身体表情的能力相当惊人。你在电话中的声音能够清楚地告诉对方：你的嘴角是在向上翘，还是向下撇。你越是态度友好，你的声音听起来就越亲切。而友好的态度，无论在社交界还是在商业场合中，都是有效的交流工具。请把镜子放在电话机旁，一面打电话一面观察自己的表情。

过去，美国电话电报公司总是建议我们使用“微笑的声音”。但奇怪的是，这样的声音越来越难以听到，以致当我们听到这样的声音时更感到珍贵。我们现在常常听到的是一种“咆哮的声音”。试想，当你在旅馆中一觉醒来，拿起电话点早餐时，回答你的是一个洋溢着笑意的声音该是多么愉快！你发现对方把为你拉开窗帘、召唤阳光当作自己的职责，而且似乎十分关心你要煎鸡蛋老一点，还是嫩一点，这一切当然会让你感到心旷神怡!

无论是在私人谈话还是商业会谈中,电话能传送你的形象——可能是令人愉快的,也可能是招人反感的。因此,你应随时保持声音的活力、热情和真挚。

打电话和你在董事会中作报告一样,姿势也会影响声音的清晰、音量和活力。打电话时不要缩在椅子里。如果身体下陷佝偻、声音也会跟着下沉。坐直身体,使你的呼吸动力中心紧张起来。

有时进行这种漫无目的却又必要的电话交谈是有益的,至少对女人们来说是如此。它可以代替你亲自去慰问病中的朋友,可以帮助他或她消磨寂寞的时光。但是,电话交谈对于交谈的双方来说,通常都应该是简单明了的。要自觉限制你的电话时间,甚至也要限制对方的时间。想象那是需要花钱的,事实上,那的确需要花钱。

康丁·雷诺有一次在白宫同福兰克林·罗斯福总统在一起时,恰好遇到邱吉尔从英国打来一电话。一会儿,雷诺惊奇听到总统在说:“好了,温斯顿,你的3分钟时间到了,挂了吧,否则你要付超时的费用了。”一九六九年,尼克松总统和月球上的太空人通过一次电话之后说道:“这笔电话费肯定很可观,我希望是由对方来付钱。”

妇女们不妨假想自己是在公共电话亭里打电话,而不是在自己家里,而且设想自己刚好已把最后一枚硬币投进了电话机。采用这种办法来限制自己没完没了的叨絮。

作为接电话的一方,态度当然要亲切有礼。但这并不意味着你只能做电话闲聊者的牺牲品。

如果某个电话已经持续了好久,而你正要做一些需要集中精力的事情——如正要煮饭做菜,或者写一篇文章,接待一位客户——那你大可直言不讳地告诉对方你目前没时间闲聊。“玛丽,等会儿忙完了再打电话给你,现在我实在脱不开身。”或“我忙得不得了,要不我明天早上9点到10点之间再给你打电话,好不好?”

如果你是打电话的人,请记住你正占用对方的时间,因此如果你的目的只是为了随便聊聊,那就立刻告诉对方这一点。

轻声细气与语言精神文明

轻声细气的特点

从经济繁荣，文化发达国家和地区人际交往的言语中，不难发现，大多数人的电话交谈，面对面的友善对话；电视、电影中的夫妻或情人的悄悄语；同事、朋友之间的友好交谈，从口语修辞的角度看，都有一个共性特征——轻声细气。

这轻声细气的外表特征是轻与细。这种交谈言语给人听觉上的感觉是声音之轻，气息之细。

这轻声细气的本质特征是“情感——气息——声音”三者的和谐统一，是情感友善，气息舒缓，气流柔细，音量细小，音调不高。

轻声细气的作用

在人类的言语交际中，人类是以情带声，以声传情，以情运气，以气托声，以声达意的。轻声细气，在一个文明国度、文明社会中，其作用是不可忽视的。常言道：“良言一句三冬暖，恶语伤人六月寒。”轻声细气，是“甜言蜜语”中，不可缺少的表现形式，是口语修辞中，不可不练的言语修养，是现代文明语言主要组成部分，是一种常听到的口语修辞现象。其作用有：

1. 轻声细气，今人耳感舒适

科技的发展，在给人类带来现代的文明的同时，也带来了许多机器噪音，带来了现代污染。交通工具的发达，人流增多、加快，给人类耳根带来许多不清静。大城市的烦嚣，节奏的加快，生活的重压，令人心情烦燥，令人向往宁静，向往返璞归真，向往舒适恬静的大自然。轻声细气，令人耳感舒适，正适合现代文明社会多数人的心理需求。因之，它便成为语言精神文明不可少的重要口语修辞形式。例如，打电话订房的对话：

A. 请问您是东方宾馆服务台吗？

B. 是的。有什么可以帮助您的吗？

A. 我是美国 GA 企业公司经理，我想预订两个标准套房和一个豪华套房可以吗？

B. 可以的，请问哪个月？几号的？

A. 今年 8 月 8 号的。

B. 请稍等，我查后马上答复您。

A. 好的，谢谢！

B. 别谢，请稍候。可以，请把您的公司、姓名、身份证号码、银行信用卡传真过来好吗？

A. 好的。

请问，这一段商务对话，如果态度不友善，不轻声细气，而粗声粗气地说，这一宗生意能谈成吗？合作能愉快吗？答案是不言而喻的。

2. 轻声细气，令人欢天喜地

上文我仅就听者的听觉感受方面去阐述轻声细气的作用。紧接着，我要谈的是从听者的内心感受角度来述说轻声细气的作用。当然，听觉也好，内心感受也罢，它们是相互联系的。但有时为了叙述的方便与明晰，又是可以分开叙述的。作为内心感受而言，轻声细气是动因，是引起欢天喜地的内心感受的前提条件。作为口语修辞形式而言，它有形式方面的——语音作为载体，内容为语音之载物。内心的欢天喜地，除了可以恰如其分地运载切题、切旨、切境和自然得体的内容的语音、气息之外，还需要有切题、切旨、切境、自然得体的内容。这两者的有机结合，达到“情感——气息——声音”的和谐统一，听者内心才会接纳，才会产生欢天喜地的口语修辞效应。例如：母女一段对话：

女儿：妈，我有了。

妈:几个月了?

女儿:三个月了。

妈:你告诉孩子他爸了吗?

女儿:还没呢。

妈:赶快打个电话告诉他吧。

女儿:好,我去。

妈:走路当心点哪!

女儿:知道了。

母亲听了女儿的话,能不欢天喜地吗?远在外地的丈夫,听到妻子的轻声细气的报喜,能不格外开心与兴奋吗?诚然,在口语修辞中要正确地演绎这怀孕妻子的话语,自然是运用轻声细气较为妥贴了。

3. 轻声细气,令人感到文明意识

语言精神文明,一般地说,应该有文明的形式与文明的内容,两者有机和谐统一。换言之,语言精神文明,应具有"情感——气息——声音"三者的和谐统一及修辞内容的真、善、美。而切题、切旨、切境,自然得体的轻声细气,则体现了语言精神文明,具备了文明的形式与文明的内容。因此,显现了说话人的文明言语修养、道德文明和文化修养,为听者所乐于接受:喜听、爱听、乐听。

口语修辞的轻声细气,应是一种综合的口语修辞形式,口语修辞素质。其所遵循的准则是"情感——气息——声音"的辩证的和谐统一。这就是其文明意识的内涵所在。反之,三者游离,便不存在"修辞立其诚",不存在口语修辞真、善、美,不存在修辞的精神文明。

轻声细气,是一种长期训练、习得的口语修辞素养。作为一种言语修养,不是"一蹴而就",它是一个长期言语习得的结晶。而这种言语修养,既有先天因素,又有后天习得因素。从语言实践角度看,我们看重、强调的是后者而不是前者。因此,要看重大语言环境——社会语言环境的营造,重视个人在理论指导下的自我言语修养。两者结合起来,才会体现语言精神文明的轻声细气。例如:女作家张辛欣在主持电视风光片《话说长江》时,曾采访过一间酱醋厂。当她出现在一群女工面前时,女工们面对她手中的话筒表现出十分紧张，纷纷往后退缩。这时，张辛欣将话筒伸到女工嘴前，有礼地问道："你是造醋的，请问你爱吃醋吗？"一个女工不知有"诈"，张口便答："爱吃醋"。张辛欣马上放大声音说："我没听错吧，她说她爱吃醋！"那潜台词大家听懂了，于是禁不住放声大笑起来。这一笑，将刚才的紧张感一扫而光。这适时的幽默，顿时解除了紧张的心理，张作家的第一句话，轻声细气、切境、切旨、友善可亲；第二句话，一语双关，适时幽默，显露出作家语智的光芒，自然得体，切题切境，令人忍俊不禁，拘谨顿消。这种言语，出自女性作家之口，不低俗，反而令人感到风趣、幽默、言语文明。

4. 轻声细气，公关、外交的武器

在人们的公关活动中，外交事务中，轻声细气是经常运用的言语口语修辞形式。大凡做公关工作的女秘书，男女外交官员，也会深明轻声细气的好处，谙熟其中三昧的。这些人，一般训练有素，自觉恰到好处地运用轻声细气，与各自打交道的对象或平等交谈、对话，或巧妙周旋，较多地运用轻声细气作为武器，作为手段。例如：一位公司女秘书，在一次舞会上，遇到其顶头上司总经理的爱慕表白："你真美丽，如果你没有结婚的话，我们生活在一块多幸福啊！"女秘书说："是呀，幸福不幸福，得回去问你的妻子和女儿，我得问问我的丈夫"。聪敏的女秘书巧借话题，把对方的妻子、女儿请出来，把自己的丈夫摆出来，让对方碰了个软钉子。让对方知难而退，不敢再心生邪念。这种轻声细气的口语修辞，隐含了女秘书的自尊自重和巧于应对的言语机智、言语文明。

又如《晏子使楚》便是外交口语修辞的极好范例。

"晏子使楚。楚人以晏子短，为小门于大门之侧而延晏子。晏子不入，曰："使狗国者从狗门入；今臣使楚，不当从此门入"。傧者更道，从大门入。

见楚王。王问:“齐无人耶”？晏子对曰:“齐之临淄三百闾,张袂成阴,挥汗成雨。比肩继踵而在,何为无人!”王曰:“然则何为使子?”晏子对曰:“齐命使,各有所主,其贤者使使贤主,不肖者使使不肖主;婴最不肖,故宜使楚矣。”

这位齐景公时的齐国丞相,是位气度不凡,才华出众的外交家。虽然身材矮小,不是高大威猛、仪表堂堂的外交官。但他才思敏捷,应对如流,幽默机智,正气凛然。在戏弄与反戏弄;蔑视与反蔑视的外交斗争场合,对楚国君臣所挑起的一个个事端,随机应变,从容自如,针锋相对,逐个给予迎头痛击,长了齐国志气,维护了齐国尊严,灭了楚国的威风,打击了楚王的气焰。

晏子话语不是狼嗥虎啸,而是温文尔雅,妙语连珠,绵里藏针,适切外交场合用语的言语风格。轻声细气,适境得体。语不在多,有理则明,声不在大,幽默则灵;“情——气——声”三者有机结合,刚柔相济,便显出神奇,展示了古代东方外交言语修辞的魅力,显示了古代东方外交言语修辞的文明。

5. 轻声细气,融洽人际关系

人云:“亲不亲,听声音;敬不敬,观言行。”作为人类逻辑思维的载体,语言在人际关系中扮演一个重要的角色——沟通人们思想,为人类表情达意服务的红娘。因此,不可小视口语修辞的作用。人类口语修辞,风格上,大体可分为“骏马秋风冀北”的刚性美,和“杏花春雨江南”的柔情美两大类。各有各的好,各有各的妙,不宜分出伯仲来,然而,在当今快节奏的现代生活中,人们更多地倾向于柔情之美。口语修辞中,也多倾向于轻声细气,把她作为时尚:喜听轻声细气,爱用轻声细气。轻声细气,便作为有文化、有教养、有内涵的口语修辞模式。因此,轻声细气起到融洽人际关系作用也就不足为奇了。巴黎男士、女士如此,香港大学生、白领文员也如此,北京上海公关、外交人员如此,南京广州营商者也如此,热恋中的男女如此,温馨家庭的夫妻也如此……轻声细气。是人际关系和谐融洽的化学物、润滑剂;轻声细气是友谊的纽带,情感的桥梁。

由此可见,轻声细气,不容置疑,与言语精神文明有密切的关系。朋友们，你要做个高雅、文明的现代人吗？那么，请你加强思想修养，文化修养，视口语修辞的运用，学会轻声细气地说话吧！

要争论不要争吵

散文家约瑟夫·阿迪森说："善良的天性比机智更令人愉快。"

只要出自善意，讨论也就和谈话一样。相反，那种怒气冲冲的争吵，一方激烈地攻击另一方，同时拼命地维护自己，这正是良好谈吐的大忌。

信念偏见的区别就在于：信念不需要动怒就可以阐述清楚。

中国人有句谚语："有理不在声高。"

不能说凡是发怒的人，看法都是错误的，而是说他根本不懂得如何表述自己的见解。讨论的原则是：运用无可辩驳的事实及纵容镇定的声音，努力不让对方厌烦，不迫使对方沉默而达到说服对方的目的。

保持冷静、理智和幽默感。只要你能够听我说，我也愿意听你讲；如果我们能让自己专注于问题的讨论而不是引向感情用事或固执己见，那么讨论就不至于降格为争吵。

如果我们的声音渐渐提高，说出"我认为这种想法愚蠢透顶！"这样的话来，这就是一种伤害他人的反驳了。这时，旁观者焦虑不安，朋友们躲到树后去，也就不足为奇了。为赢得一场争吵而失去一位朋友，实在是得不偿失的事情。

争吵使人们分离，而讨论却能使人们结合在一起。

争吵是野蛮的，讨论则是文明的。

有的时候，辩论乃至争吵是不可避免的，即使在友谊和婚姻中也难免口角，但裂痕却可能隐藏下来：家庭中的情感泻泄有时可能有助于沉闷的空气，就像一场雪雨能把暑气一扫而光。然而即使如此，争吵及其弥合也最好在私下进行。

有一个午餐俱乐部，他们交谈的话题涉及面很广，产生意见分歧是每天的家常便饭，比如：加勒特·霍巴特是威廉·麦金莱的副总统呢？还是格罗弗·克利夫兰的副总统？最早发现的山洞壁画在什么地方？

通常的情况是，某位会员对问题做出了正确的回答，于是，话题就转移到其他方面去了。偶尔，问题暂无法在餐桌上得到解决，这时，就会下一次赌注，大家把争论的内容和赌注的数目记录在册。然后正式进行查证，输的人付钱，查出的答案也将记录在册，下赌之前的交换意见可能相当激烈。但这绝不是争吵，而是讨论，因为大家纯粹是为了愉快，因此双方都努力不以争吵而是以追求真理为出发点，大家都受实证的约束，输的人和赢的人一样愉快地接受裁决。

幽默风趣话言谈

把话说好的基本要求是得体，即恰当。“文如其人，言如其人。”人物语言受民族习惯、身份、职业、经历、文化教养、思想性格、政治立场的制约，言谈因人而异。

身份地位不同言谈有别

例 1. 有家兄弟闹分家，请了五个人做“中”，分别是木匠、厨师、裁缝、车夫和撑船的。他们先在木匠家开了个碰头会。木匠说：“分家的事咱没办过，依我看只要线弹得直，也就偏不到哪里去。”赶车的接着说：“嗨，咱也没干过这事，不过前有车，后有辙，别出大格就行。厨师说：“这由不得他们的口味，咸呀甜呀的，还不乱了套。”裁缝担忧地说：“这也要看人量衣，针过得去，线过得去才行。”撑船的听得不耐烦了，说：“我看别在这瞎叨叨了，不如到现场去见风使舵，怎么顺手就怎么给他们划拉划拉得了。”

做豆腐的老婆也附合道："快去吧，没什么大道道，给他们点得不软不硬就成。"

例2. 古时候，有一个大雪纷飞的冬日，驿站里有三人围炉吃酒。一个是赶考的书生，一个是赴任的县官，一个是当地财主。门外，蜷缩着一个避雪的乞丐。书生提议每人做诗一句，连门外的乞丐也参加了。诗为：大雪纷纷落地（书生），都是皇家瑞气（县官），下它三月何妨（财主）？放你娘的狗屁（乞丐）！

例3. 三个孩子正玩皮球，皮球滚到了树洞里。官家子弟大喊："来人啊！给我拿出来。"富商之子说："别嚷了，买个算了。"穷家的孩子说："咱们快动手吧！"

立场观点不同言谈有别

人物的政治立场和思想观点，影响着他们的语言。

例4. 苏联有个笑话。某年月日，列宁、斯大林、赫鲁晓夫、勃列日涅夫、戈尔巴乔夫同乘一列火车去远东，行至某地，车前很长一段路轨丢失，车长去请示怎么办：

列宁说："下车组织星期六义务劳动，修复后继续前进。"

斯大林说："这是反革命分子搞破坏，是阶级斗争，抓可疑者分别劳改、流放、正法。"

赫鲁晓夫说："这点小事还找我，把后面的铁轨搬到前面铺好就得了。"

勃列日涅夫说："下去推车，动就是走，走就是前进。告诉新闻机构，大力宣传列车正飞速向前行驶。"

戈尔巴乔夫说："这么办吧，大家动手把火车拆了，带着零件到有铁轨的地方去，再把火车组装起来。"

民族习惯不同言谈有别

民族不同、所受教育有别，因而思想意识有别，表现在言谈上或直率豪爽或委婉含蓄，各有不同。

例5.新婚燕尔，亲友散尽，新娘对丈夫说出了自已的心里话：

英国新娘："亲爱的，我们的孩子上剑桥还是牛津？"

日本新娘鞠个躬，柔和地说："请多多关照。"

中国新娘低着头羞答答地说："从今后我就是你的人了。"

法国新娘说："亲爱的，你看我漂亮吗？"

美国新娘爽快地说："亲爱的，快点来吧！"

从以上几则幽默笑话中可以看出人物身份、政治立场，民族习惯对语言的影响。希望大家在说话和写作时要注意说话人的特殊身份，力争使语言准确恰当。

直言的效果

有一句欧洲格言："出自肺腑的语言，才能触动别人的心弦。"在交往中，心诚意笃、直抒胸臆的话语虽没加上什么粉饰雕琢，有时还可能是逆耳之言，但效果却常常是出乎意料地好。

正如弗兰西斯·培根所说的那样："人与人之间最大的信任就是关于进言的信任，"直言是信任人的表现，也是和对方关系密切的标志。在道义相砥、过失相规的"畏友之间"，直言更是被视为一种美德。所谓"见外"往往就是指因某种不必要的委婉而造成的一种心理上的隔阂感，试想，如果你每次晚上出外时只对妻子说："我有点事要出去一下"，长此以往，她会作何感想？如果你在和同班、同室的学友谈笑时一开口就说"对不起”、一插话就问“我能不能打断一下?”他们也许都会以一种异样的眼光来看待你。同样,如果你对火车车厢里比肩而坐的同路人连自己的姓氏、职业、目的地都不肯直说,那他可能会觉得你这人有点“鬼”,不愿主动热情地和你交谈。

直言也是自信的结果,因为只有相信人的人才谈得上自信。那种过分害怕别人的反应,走一步路怕踩死蚂蚁、说一句话要反复斟酌半天的人是谈不上有什么自信的。而缺乏自信正是你和人交往的重大障碍,因为,人们一般是不会乐意同一个畏畏缩缩的人交往的。

在有些国家,人们不习惯于太多的客套而提倡自然坦诚。例如,在美国,主人若请你吃饭,如果每道菜上来时你都客气一番、迟迟不动,那么,也许你就会饿着肚子回家;如果你是一位进修学者,当指导教授问及你的特长和主攻方向时你自谦过分,那也许你真的会被派去干洗试管之类的杂差。因此,客气谦逊也一定要看讲话的对象不同而有所不同。

直言不讳并不意味着粗鲁、不讲礼貌,如果在直言、特别是在说逆耳之言时能注意以下两点,也许会使直言的效果更好:

第一,直言时配上适当的语速、语调和表情、姿态。

你在对一群正在打扑克喧嚷的人说:“请不要吵闹,家里有人做夜班”时,语调温和,并微欠身体举手示意,还略带抱歉的笑意,就容易使人接受。

第二,在拒绝、制止或反对对方的某些要求、行为时,诚恳地陈述一下原因和利害关系。

例如,有人向你借照相机用,你不太愿意,就索性向对方挑明原因:“前几次就是为这件事和妻子闹了别扭,望你谅解。”这样,对方一般也就不会强你所难了。

说话必须简洁精炼

1863年7月1日,美国南北战争中的一场决定性战役,在华盛顿附近的葛底斯堡打响了。经过三天的鏖战,北方部队大获全胜。战后,宾夕法尼亚等几个州决定合资在葛底斯堡建立国家烈士公墓,公葬在此牺牲的全体将士。1863年11月19日公墓举行落成典礼,美国总统林肯应邀到会演讲。这对林肯来说,有很大难度,因为这次仪式的主讲人是艾弗雷特,林肯只是由于总统的身份,才被邀请在艾之后"随便讲几句适当的话"。艾弗雷特不仅是个著名的政治家和教授,而且是当时被公认为美国最有演说能力的人,尤其擅长在纪念仪式上的演讲,所以,在这个典礼上,他那长达两小时的演讲,确实精彩极了。在这种情况下,怎样讲才能和观众建立良好的交往关系,并最终赢得他们呢?林肯决定,以简洁取胜。结果林肯大获成功。尽管他的演讲只有10句话,从上台到下台不过两分钟,可掌声却持续了10分钟。林肯的演讲不仅赢得了在场一万多名听众的热烈欢迎,而且轰动了全国。当时的报纸评论说:"这篇短小精悍的演说是无价之宝,感情深厚,思想集中,措词精炼,字字句句都很朴实、优雅,行文完全无疵,完全出乎人们的意料。"就是艾弗雷特本人第二天也写信给林肯道:"我用了两个小时总算接触到了你所阐明的那个中心思想,而你用了两分钟就说得明明白白。"后来,林肯的这次出色的演讲手段被收藏到图书馆,演讲被铸成金文,存入牛津大学,作为英语演讲的最高典范。

林肯这次演讲获得巨大的成功,给了我们一个启示:简洁精炼的语言会使说话更添魅力。

其实,在人际交往中,要想得到一种较佳的效果,语言必须简洁、精炼,要能使听者在较短的时间里获取较多而有用的信息。反之,空话连篇,言之无物,必然误人时光。

历史上曾记载了一些冗长的演讲纪录，这些演讲绝对不能称为优秀的。比如，1933年一位名叫爱尔德尔的参议员，为了反对通过“私刑拷打黑人的案件归联邦法院审判”的法案，在参议院高谈阔论了5天时间，一位记者统计：他在演讲台踱步75公里，共做了1万个手势，吃了300个肉面包。喝了40升清凉饮料。

1957年，斯特罗姆·瑟蒙德做阻止“民权法案”通过的演讲，历时24小时18分，但遭失败。

1912年，英美发生战争，一个众议员用马拉松式的演讲来阻止通过对英宣战的决议。直到战火烧到家门，形势迫在眉睫，可这位议员仍在喋喋不休。时至半夜，听众席上鼾声四起，最后，一议员急中生智，将一个痰盂倒到演讲者的头上，方得以终止辩论，通过了宣战决议。

“言不在多，达意则灵。”要语不烦，字字珠玑，简炼有力，能使人不减兴味；冗词赘语，语绪唠叨，不得要领，必令人生厌。在中外历史上，不少演讲大师惜语如金，言简意赅，同样留下了许多珍贵的篇章，成为“善辩者寡言”的典型。比如，最短的总统就职演说，也就是1793年的华盛顿总统的演说，仅用135个字，便举世闻名。

恩格斯在马克思墓前的演说只有1260个字。

列宁在马克思、恩格斯纪念碑揭墓典礼上的讲话只有552个字。

斯大林在1941年7月3日发表的反对德国法西斯入侵重要广播演说只有3800个字。

罗斯福的就职演说仅有985个字。

1984年7月17日，37岁的法国新总理洛朗·法比尤斯发表的演说，更是短得出奇，演讲词只有两句：“新政府的任务是国家现代化，团结法国人民。为此要求大家保持平静和表现出决心。谢谢大家。”措辞委婉、内容精辟。

上述这些演讲大师们驾驭语言的功力都是非凡的。同时，这也就说明了简洁精炼在言语交际中的举足轻重。

我们之所以认为简洁精炼的语言能增添说话的魅力，是因为如下原因：第一，简洁精炼的语言是认识能力和思维能力高超的表现。话语的简洁常常体现出说话人分析问题的快捷与深刻。第二,简洁精炼的语言是果敢决断的性格表现。大量的事实表明。自信心强、办事果敢的人都说话干脆果断,不拖泥带水。第三,现代社会节奏快,时间观念强,说话简洁会给人一种生机勃勃的现代人的感觉,所以,简洁精炼的话语还是时代风貌的反映。第四。简洁的话语既能不占用听者大多的时间,又能使听者觉得说话者很尊重他,所以,说话简洁的人常常颇能受人欢迎。

我们大家都会有这种感觉,即那种说话唠唠叨叨、啰啰嗦嗦、拖泥带水、言语空泛的人,是很令人讨厌的。曾有则笑话讽刺那些说话啰嗦的人,笑话说的是位"啰嗦先生"写给家人的信,信中说:

"……吾于下月即将返回。不在初一即在初二,不在初二即在初三,不在初三即在初四,不在初四即在初五,不在初五即在初六,不在初六即在初七,不在初七即在初八,不在初八即在初九……不在二十八即在二十九。其所以不写三十,因月小之故也。……"

"啰嗦先生"这封可简为"吾下月将返回"信,却啰嗦了这么长,谁看了也会觉得索然寡味,十分讨厌。虽然这仅是一则笑话,但它也告诉我们一个深刻的道理:说话啰嗦就会失去魅力。

许多说话啰嗦的人,常常是因为情绪激动而造成思维混乱,且语言表达前后倒置,条理不清。所以,要做到说话简洁精炼,我们就要在思维和语言两个方面下功夫,不断练习,掌握技巧,适当发挥。

委婉含蓄可加强交际效果

古人云:"言有尽而意无穷,余意尽在不言中。"在说话中,把重要的、该说的部分故意隐藏起来,或说得不显露,却以让人家明白自己的意思的手法,便是婑婉含蓄的手法。

委婉,或称婉转、婉曲,是一种修辞手法。它是指在讲话不是直陈本意，而是用委婉之词加以烘托或暗示，让人思而得之。而且越揣摩，含义越深越远，因而也就越是有吸引力和感染力。说话委婉含蓄，是一种艺术。之所以说委婉含蓄是说话的艺术，是因为它体现了说话者驾驭语言的技巧，而且也表现了对听众想象力和理解力的信任。

生活中有许多事情是“只需意会，不必言传”的。如果说话者不相信听众丰富的想象力，把所有的意思和盘托出，这种词意浅陋、平淡无味的话语不但会使人不乐，而且会使说话失去魅力。列宁在研究费尔巴哈《宗教本质演讲录》时，摘录了这样一段话：“顺便说说，俏皮的写作手法还在于：它预计到读者也有智慧，它不把一切都说出来，而让读者自己去说出那样一切关系、条件和界限——只有在这些关系、条件和界限都具备时说出来的那句话才是真实的和有意义的。”可见，委婉含蓄主要具有如下三方面的作用：第一，人们有时在表露某种心事，提出某种要求时，常有种羞怯、为难心理，而委婉含蓄的表达则能解决这个问题。第二，每个人都有自尊心。在人际交往中，对对方自尊心的维护或伤害，常常是影响人际关系好坏的直接原因；而有些表达，如拒绝对方的要求，表达不同于对方的意见，批评对方等，又极容易伤害对方的自尊。这时，委婉含蓄的表达常能取到既能完成表达任务，又能维护对方自尊的目的。第三，有时在某种情境中，例如碍于某第三者在场，有些话不便说，这时就可用委婉含蓄的表达。

那么，在什么情况下说话要委婉含蓄呢？

一种情况有些话不便直说时，要用委婉含蓄的手法。传说汉武帝晚年时很希望自己长生不老。一天，他对待臣说：“相书上说，一个人鼻子下面的‘人中’越长，命就越长；‘人中’长一寸，能活百岁。不知是真是假？”侍臣东方朔听了这话后，知道皇上又在作长生不老梦了，皇上见东方朔似有讥讽之意，而有不悦之色，喝道：“你怎么敢笑话我？”东方朔脱下帽子，恭恭敬敬地回答：“我怎么敢笑话皇上呢？我是在笑彭祖的脸太难看了。”汉武帝问：“你为什么笑彭祖呢？”东方朔说：“据说彭祖活了800岁，如果真像皇上刚才说的‘人中’，就有八寸长，那么，他的脸不是有丈把长吧？”汉武帝听了，也哈哈大笑。这种委婉含蓄的批评，汉武帝却是愉快地接受了。

人们谈起《水浒传》里的鲁智深，便会立即想起他那心直口快、“直炮筒”的形象来。其实，即使是最直率的鲁智深，有时也离不开委婉，说话也有含蓄的时候，电视剧《鲁智深》写鲁智深三拳打死镇关西后，为了逃避官家的追捕，只得削发为僧。剧中有这样一段台词：

法师：尽形寿，不近色，汝今能否？

智深：能。

法师：尽形寿，不沾酒，汝今能否？

智深：能。

法师：尽形寿，不杀生，汝今能否？

智深：（犹豫了）

法师：（高声催问）尽形寿，不杀生，汝今能否？

智深：知道了。

要鲁智深不近女人不饮酒，他能做到。但要他不惩杀世间的恶人，实在难办。但此时若答“不能”则法师必不许其剃发为僧，他就无处藏身了，因此来一个灵活应付，回答“知道了”，法师面前过得关，又不违背自己的本意，真是两全其美。

另一种情况是有些话不必直说时，要用委婉含蓄的手法。从前，有个酒店老板，脾气非常暴躁。一天，有个客人来喝酒。客人才喝了一口，嘴里便叫：“好酸！好酸！”老板听后大怒，不由分说，把客人绑起来，吊在屋梁上。这时来了另一位顾客，问老板为什么吊人，老板回答：“我店的酒明明香醇甜美，这家伙硬说是酸的，你说该不该吊人？”来客说：“可不可让我尝尝？”老板殷勤地给他端了一杯酒，客人呷了一口，酸得皱眉眯眼，对老板说：“你放下这个人，把我吊起来吧？”这位客人委婉含蓄的说法，既收到强烈的讽刺效果，又显得非常艺术。

有人曾问美国总统林肯：“你当总统的滋味如何？”林肯回答道：“你听说过一个故事么？有个人全身被涂上焦油并裹上羽毛，用火车运到城外。”这个人问到底：“这滋味究竟如何？”林肯说：“要不是为了这事的荣誉，我宁可走路。”真是说得含蓄、得体。一句话既不失当总统的荣誉，又使人体会到当一位世界大国总统的艰辛。

还有一种情况是为了增强交际的效果，使用委婉含蓄的手法。美国有一位传奇式的篮球教练，叫佩迈尔。他带领的迪尔大学篮球队曾获得39次国内比赛的冠军，使球迷们为之倾倒。可是有一年，他的球队在蝉联29次冠军后，遭到一次空前的惨败。比赛一结束，记者们蜂拥而至，把他围个水泄不通，问他这位败军之主此时此刻有何感想。他微笑着，不无幽默他说："好极了，现在我们可以轻装上阵，全力以赴地去争夺冠军，背上再也没有冠军的包袱了。"

曾两度竞选总统均败在艾森豪威尔手下的史蒂文森，从未失去幽默。在他第一次荣获提名竞选总统时，他承认的确受宠若惊，并打趣说："我想得意洋洋不会伤害任何人，也就是说，只要不吸入这空气的话。"他在竞选中第一次败给艾森豪威尔。

变语言垃圾"出口"为"内销"

人们见了垃圾无不掩鼻，而一些人在人际交往中说话时所夹杂的脏话、假话、废话、气话等等，也是些语言垃圾，都应该在"出口"转"内销"之列。

内销之一：脏话 脏话是语言垃圾之首，是极不文明的。60多年前，鲁迅先生写了一篇杂文——《论"他妈的！"》，如今，"他妈的！"这句"国骂"在我国不仅并未绝迹，而且还发展到"他姥姥""他奶奶""他祖宗"的田地。有的人连鲁迅先生省略的"前面的动词"和"后面的名词"也都补全了，实在不堪入耳。

说脏活不仅污染了人际环境，同时也损害了个人的形象，它的危害极大。有些人说脏话是因为素质低下；而多数人却是不知不觉的，或者是听惯了，说惯了；或者是图新鲜、赶时髦，觉得好玩；或者是哗众取宠，想以此引起人们的注意等。但不管哪一种情况，都属“严禁”之列。

内销之二：假话 在大力提倡办实事说真话的今天，假话并未销声匿迹。对待假话怎样看？我们不妨学学古人。《曾子杀彘》是《韩非子》中的一篇寓言，说的是：曾子的妻子要去集市上买东西，儿子哭喊着要跟着。曾妻说：“你回去，一会儿给你杀猪吃。”曾妻从集市上回来，曾子捉住猪就要杀。妻说：“我是特意和孩子开玩笑。”曾子严肃他说：“怎么能和孩子开这种玩笑呢？孩子还不懂事，是要和父母学的，今天你欺骗了他，他将来会欺骗你的。孩子连自己的母亲都不相信了，怎么能把他教育成人呢？”说完真的把猪杀吃了。也许有人觉得曾子太愚了，小题大做。其实，曾子是大智若愚。父母是孩子的启蒙老师，一言一行，对孩子都有潜移默化的影响。童心最纯真，也最怕污染。试想：父母用假话的脏水，怎能浇灌出一颗纯洁的童心？

内销之三：废话 比较起来，说废话的人，要比说脏话、假话的人多。废话的最显著特点就是啰嗦而无用。著名散文家秦牧把“啰嗦”比为“语言大街上的一块绊脚石”，形象而生动。

内销之四：气话 海涅说：“愤怒出诗人。”然而，在现实生活中愤怒出诗人不多，说气话的人却不少。气话像一柄锋利的剑，刺得人心里流血。气话最伤人，因为它缺乏理智的思考，完全是感情用事的产物。说气话的人怎样解气怎样说，结果自己的气是放出去了，却把对方的肚子气得鼓鼓的，伤害了彼此之间的感情。

行为文明

行为美，文明的标志

不论一个人的思想观点、世界观有多么先进，也不论一个人多么地富有，如果他不懂某些礼节，不善于在各种不同的场合保持文雅大方的举止，就会陷入尴尬的处境。曾有过这样一件事：某人赴宴入席后，看到面前摆着一只小碗，里面有一小片柠檬，泡在粉红色的水中。他立即去喝这碗水（那天天气炎热）。这时，却发现同桌纷纷露出惊讶的神色。后来，当同桌就餐的人们用罢野味，开始在这些小碗里洗手指的时候，这个人该感到多么难为情啊！

因此，培养人的行为美，从古至今，一直为人类所重视。

早在远古时代，养成优美的举止就成了社会公众所关心的事。古代埃及、波斯、巴比伦等国都十分注重仪表风度。从荷马史诗《伊利亚特》和《奥德赛》中，我们不难看到古希腊奴隶社会诞生时期人们的一系列举止仪表和礼节仪式，他们还通过一些专门学校和体育场讲习和训练人们的举止仪态。

关于父母以身作则，在培养儿童少年的良好举止方面所起的作用，马卡连柯的论述是意味深长的："你们在生活中每时每刻都在教育他（孩子），甚至当你们不在家的时候，也是如此。你们怎样穿着打扮，怎样同其他人谈话，如何议论别人，怎样对待朋友和敌人，怎样笑，如何看报——所有这些，无不对孩子具有重大意义。孩子能觉察语气和脸色最细微的变化，通过各种无形的途径了解你们思想情绪的变化。”别林斯基则进一步写道：“不要忽略教育的任何一个方面：要向孩子们讲整洁，讲保持外表清洁，讲举止风度和待人接物的高尚和尊严。”

人类尊严、对周围人们的关心，同时也表现为对自己举止风度美的关心——这就是衡量行为美的标准。孩子们走到大街上，走到一切公共场合，如果随处听到污言秽语，随处看到打架斗殴，在危急关头看到大人们只是各顾各，甚至于见死不救，他们受到的影响将多么深刻，他们将来会成为怎样的人，是可想而知的。

给我一个微笑就够了

行动往往比语言更具体，而微笑正表示：“我喜欢你。”“你使我快乐！”“见到你，我很高兴。”在日常生活和学习、工作中，只要我们亲切地微笑，往往就能使别人变得更愉快。我们不难发现，人际关系中大凡人缘好的人，除了其为人正派、乐于助人外，最大的特点在于能给他人带来笑的欢乐情感。

微笑永远是受欢迎的，它来自快乐，又创造快乐。

我们无法面对一个面带真诚微笑的人生气，是吗？假如我有求于别人，而遭到微笑地拒绝，我们也不致过分介意，是吗？而这就是微笑社交的妙用。

微笑对我们很有帮助。尽管笑的魅力不足以使你由胖变瘦，由矮变高，不会帮你完成作业，不会令女孩子对你一见钟情……但是微笑能改变你周围的平淡和压抑，从而使你自己轻松愉快起来。

实际上，微笑不是一份经刻意雕琢而产生的表情。如果你对他人抱着友好的态度，以宽容、理解去面对每一个人，那么微笑会自然流露出来，成为你自身的一部分。

当我们遇到别人时，心中想到："啊，见到你真高兴！"把这种心情表现出来，就会使你忧郁的面容变得神采奕奕、满面生辉。

当我们感谢别人时，带着发自内心的微笑，那么你使对方能感受到的诚意会是双倍的。

拜托别人做某事，以诚恳的微笑注视他（她），那他（她）会考虑接受你的请求。

初次见面，以微笑感染对方，就好像在说："我很喜欢你，请不要拘束，随便谈。"这时，你已赢得了对方一半的信任。

很多时候，当我们不得不直言，有些或许会令对方感到不悦或尴尬的话题时，微笑一下吧！微笑会带走对方一大半不悦与尴尬。

当然，微笑也要因事而宜，否则会适得其反。比如，在对方悲痛欲绝的时候，在谈及别人不幸之时……不论如何应马上收敛起微笑，态度诚恳严肃起来。

能够直接将好感、善意及诚实表现出来的，只有你的微笑。

教师神态之我见

古人云："行可以为仪表者，人之师表。"教师是学生人生路上除父母外最早的老师。教师在学生心目中是学习、模仿的直接榜样。教师的神态，对学生起着耳濡目染、潜移默化的作用。每个学生的眼睛都仿佛是一台摄像机，随时将教师的神态留在各处的"底片"上。

神态是感情和姿态的综合，教师在传授知识时把喜怒哀乐的真挚感情，通过面部表情、眼神和姿态传递给学生，从而加深学生对知识的领会和理解。

——教师的神态具有丰富的内涵。表情是感情的“晴雨表”。心理学家认为:感情表达等于7%言词加38%声音加55%面部表情。面部表情中,眼睛最为突出,它是“心灵的窗户”。课堂上,师生相互注视,交流着真挚的感情,传递着无声的语言,维系着双方思维的线索,表达了密切的联系,亲切友好的目光,给学生送去一股暖流;不满责备地注视,给“行为不轨”者敲一下警钟。有经验的教师,眼睛像扫描机一样,总是不时地扫视全班,使学生感到不存在“被遗忘的角落”。

教师身体的造型、手势、动作,同样能给有声语言以补充。稳健的姿势,敏捷协调的动作,使教学的内容充满活力,使学生获得美的陶冶,美的享受。手是人体强有力的表情器官,可以用它多种不同的造型艺术,描摹事物的复杂状貌,传递丰富的潜在心声,表达特定的含义。手与其他身体器官相配合,则表达的信息更加丰富。配合教学内容助以适当的手势,使学生易于理解和接受,使课堂教学增辉生色。

诚然,课堂教学尽管需要教师进入“角色”,但毕竟不同于演员在舞台上表演,教师也不是演说家。那种手势过多,过分地摇头晃脑,反而会引起哄堂大笑,起到相反的效果。自然、柔和、协调、活泼的神态,才生美感,才能使学生入迷,仿佛一个字、一道题都变成了鲜活的有生命的东西,从黑板上、讲台上跳下来,牢牢地留在学生的记忆里。

亲切、自然、端庄、大方、淳朴、谦和是教师应当追求的风度,能够起到为人师表的作用。而故做姿态、矫揉造作、装腔作势却要不得。

行动是最好的说明

仔细观察某人的行动,可以对这个人有很多了解。透过各个行动,我们可以很清楚地读取这个人的性格,或者说是行动哲学的一鳞半爪之类,而且是本人没有意识到的东西。

让我们来看看一些身旁的例子。平时大吹大擂，一到紧要关头却只想逃避，也就是“说一套，做一套”的人，在我们周围经常可以看得到。在日常与人交往之中，想必每个人都有过“遇人不淑”的惨痛经验。在对方的花言巧语之下，上了当，吃了大亏的例子比比皆是。

因此，言行一致的人受到很高的评价。实际上，当我们评价一个人的时候，第一个想到的就是，这个人对于自己的行为有没有说谎。而对于这一点，我们多半会从日常的生活中来验证。因为，当一个人被人从正面注视时，为了使自己看起来更美，会在无意识间将脸部神经崩紧。而真正的美是在没有造作、最自然的表情中才能表现出来的。

观察人的性格也一样，当他有意识地与你接触时是很难看出来的；毫不在意的小动作，才能看得出一个人的本质。换句话说，人的行动即使再微不足道，也是人经由全部人格集合的中枢受到刺激而产生的。因此行动这种东西，可以说是一个人的部分缩影。

从这种观点来看，语言有时候只不过是为行动做补充说明的手段罢了。而证明语言是否真实的唯一手段，就是观察那个人的行动。

笔者一向为自己的话负责，留心言行的一致，因此认为对方也会以相同的想法对待自己。所以如果我知道对方是个言行不一的人，会使不信任感顿时升起，并将他视为不遵守沟通规则的人。

遵守社会公共秩序　行为文明有制

人类社会是亿万人民一起生活的共同体，没有秩序，无规可循，人们正常的生活、学习、工作和劳动就难以顺利进行。为了维护公共生活秩序和社会安定，除了依靠社会政治、法律的规范外，公共道德规范的推行有重要意义。凡是公共生活的地方，车站、码头、影院、剧场、公园、食堂、商店、体育场等有群众活动的场所,都应当有相应的公共秩序。

在我们的社会里,虽然越来越多的人习惯于遵守公共秩序,遵守公共生活准则,但是滋事、破坏公共秩序者仍不乏其例。例如,有的人在需要排队等候的地方"加塞",上车抢占座位,在影剧院随意吸烟,大声喧哗,等等;有的人摆脱社会监督,目无法纪,目无公德,甚至行为放荡,道德败坏,打架斗殴,行凶抢劫,构成犯罪行为。这种种不良、不法行为不仅干扰了正常秩序,而且给人民生命财产带来危害。因此,要维护社会公共秩序,维护社会公共生活的安定,一方面要提高社会成员特别是青少年的法制观念和道德观念,培养遵纪守法的良好品质。另一方面,要同一切破坏公共秩序、违反社会公德的行为作斗争,轻者要进行耐心批评教育帮助,情节严重者必须给以法律制裁。

要有文明行为。所谓文明,是表示人类社会发展的程度和进步状态,包括物质文明和精神文明。在社会主义社会里,从广义上说,凡是以社会主义道德原则和规范为指导的道德行为,都是文明行为。我们这里讲的文明行为,是指人们在社会公共生活中,按照社会公德去处理日常生活中的道德关系的行为,一般比较侧重在人们行为的外部要求。在马克思列宁主义、毛泽东思想指导下建立起来的社会主义文明准则,既表现人们的行为有礼貌,有礼节,有风度,也表现人与人之间的友爱、团结、互助的新型关系。社会主义文明行为包含多方面的内容,这里略举二三。

互相帮助,助人为乐是文明行为的重要表现。在我们的社会,在人民内部,共同的利益,共同的理想和奋斗目标,把大家联结起来;相互之间的关系是平等、互助、团结、友爱的。在共同生活中,我们历来提倡"把困难留给自己,把方便让给别人",做到先人后己,互相关怀,助人为乐,使全国人民能组成一个个亲密团结的战斗集体。

讲卫生爱清洁。讲究卫生,包括个人卫生和公共卫生两方面。个人卫生主要指身体、衣帽、鞋袜、住室的整洁。个人卫生反映了一个人的精神面貌。一个衣着不整、头发蓬乱、满面污垢、住处脏乱的人,通常是精神境界不高,对己要求不严的人。其实,个人卫生不完全是个人私事,它是关系到是否尊重他人,是否尊重社会上相沿成习的人与人之间交流的条件和规范，以至关系到是否维护国家的声誉、民族的尊严。因为个人不讲卫生，必然有害社会环境和他人的身心健康。讲究公共卫生，要求个人在公共场所（其中包括街道、车间、教室、影剧院、公园等处）不要随地吐痰、乱扔果皮纸屑、乱倒垃圾、污染环境，不要在不许抽烟的地方抽烟；不在公共建筑物上乱涂、乱画、乱贴，等等。每个社会公民，应该养成以讲卫生为荣，不讲卫生为耻的道德风尚，使心灵美与外在美和谐地统一起来。

爱护公共财物

爱护公共财物，从表面上看，是讲人对物的关系，并不构成道德的利益关系。但实际上，人对物的后面却包含着个人与社会的关系，它是人与社会之间关系的延伸。社会主义公共财物是全体人民通过辛勤劳动创造的，是进一步发展生产和创造美好生活的物质基础，因此爱护公共财物是每个公民的神圣职责。爱护公共财物，既是社会主义公有制经济关系的客观要求，是维护社会整体利益的重要内容，也是个人与社会道德关系的重要体现。在现实生活中，尽管大多数社会成员能够自觉地维护国家和人民的财产，一心一意参加社会主义建设，但由于剥削阶级思想意识的影响，尚有一些人还不能自觉地维护国家和人民的财产，维护社会整体的利益，表现出利己主义的不道德行为，损公肥私，化公为私，挥霍浪费；有的人在公共场所不爱护公物，破坏花木，毁坏文物建筑，撕毁图书馆和阅览室的书刊等等。这些行为都违背了社会公德，应受到社会舆论和个人良心的谴责。

爱护公共财物，可以有许多表现形式，但总的来说可归结为如下要求：每个社会公民都应以主人翁的态度，关心、珍惜、爱护公共财物，应做到关心公共财物比关心个人财物为重，谴责不合理扩大个人财产的行为。

每个社会公民都要勤俭节约，精打细算地合理使用社会公共的财力物力，尽可能地减少消耗，化废为利，避免浪费。

合理开发利用和保护自然资源。社会公共财物，不仅包括已实际构成社会财富的劳动产品，而且包括集体、社会的自然资源。为了使自然能够更长久、更充分地为人类服务，为了现代人类的进步和未来人类的生存，人们应当合理地开发和利用自然，尽可能保护和再生产自然，反对一切破坏自然资源和生态环境的行为。

每个公民都有义务自觉履行爱护公共财物的神圣职责，与一切损害公共财物的不良倾向和行为做斗争。

公共场合的文明举止

吃西餐

随着对外开放，中国人无论在国内还是国外，无论去参加正式的宴会还是自己去餐厅，吃西餐是常有的事情。吃西餐时，座席的排列、餐具的使用和用餐方法必须符合西餐礼仪。

如果男女两人去餐厅用餐，男士应请女士坐在自己的右方，千万不可让她坐在人来人往的路边。如果只有一个靠墙的位置，应请女士坐在那里，男士则应坐在她的对面。如系两对夫妻就餐，夫人们应靠墙而坐，先生则应面对他们各自的妻子。若两位男士陪伴一位女士进餐，女士应坐在男士们中间。若两位同性进餐，则靠墙的位置应留给其中的年长者。每个人入座或离座，均应从座椅的左侧走为宜，这是规矩。

举行正式宴会的座席排列，有国际惯例可以依照：桌次的高低依距离主桌位置的远近而定，右高左低，桌次较多时应摆放桌次牌。吃西餐均使用长桌。同一桌上席位的高低以距离主人座位的远近而定。西方习俗是男女交叉安排，以女主人的座位为准，主宾坐在女主人的右上方，主宾夫人坐在男主人的右上方。在我国则依传统，照例主宾坐在男主人的右上方，主宾夫人坐在女主人右上方。

西餐上菜的程序通常是，面包黄油→冷菜或色拉→汤→海鲜→主菜（牛排）→甜点心→水果→咖啡或红茶。正式宴会可能会更加丰盛。就餐者应熟悉一下菜单，不要一上来就吃饱，接下来便无力他顾了。

入座后摊开餐巾或离座前收取餐巾，均应以主人为先。餐巾可以叠作两层铺放在大腿上，有事暂时离席，餐巾应放在椅子上而不是桌子上，放在桌子上意味着你不想再吃，服务员便不会再为你上菜了。

吃西餐使用的餐具有刀、叉、匙、盘、杯等。一般讲究吃不同的菜要用不同的刀叉，饮不同的酒要用不同的酒杯，暂时不懂没有关系，跟着主人去做不会有错。西餐具的摆法是：正面放着汤盘，左手放叉，右手放刀。汤盘上放着匙，再上方放着酒杯。餐巾放在汤盘上或插在酒杯里，面包奶油盘放在左上方。

吃西餐时应右手持刀，左手握叉。先用刀把食物切成块，再用叉送入嘴里，吃正餐时，刀叉的数目与上菜的道数是相等的，排列有序，取用亦应有序，吃一道菜换一套刀、叉。暂时离开时，刀、叉应交叉摆放或摆成人字，以示尚未吃完。若将刀、叉并拢放在盘子上，刀右叉左，叉面向上，就表示不想再吃了。

面包应在上汤之后吃，可用手撕下一块，用刀涂上奶油或果酱。把整块面包托在手上吃，用叉子叉着面包吃或把面包浸在汤中捞出来再吃都不合适。

喝汤不能端着汤盘喝，必须借助于汤匙。

吃鱼应以刀切开，用叉取食。吃肉的时候，应割一块吃一块，不应把整盘食物都切成小块再来吃。吃鸡肉时，也应先切下一片，再用叉取食，直接用手撕扯是失礼的。鱼刺或骨头可吐在叉子上然后放在碟子里，用手直接去取或吐在桌子上都有失斯文。

吃豆子时，可用叉面就食，不要一颗颗地叉着吃。吃面条可用汤匙辅助叉子，亦可只用叉子，但不能用刀把面条切断再吃。吃点心必须用叉子，并且可用叉面铲起来吃。

吃西餐的席间不许抽烟，只有咖啡上来了，表示筵席结束时，方可抽烟。喝咖啡或茶时，如果供应的是方糖，应当用专用夹子（没有夹子时用手），而不是用茶匙去取方糖。喝咖啡或茶时，应拿起杯子喝，喝时茶匙应放在茶盘上而不能放在茶杯里，不能拿茶匙一匙一匙地舀着喝。喝时最好用一只手拿茶盘托住茶杯，以免咖啡或茶汁滴到衣服上。饮茶时必须放下任何食物，那种喝一口吃一口地交替不停的做法，会被人看作是没有教养。

吃西餐时，不能拒绝对方的敬酒，即便你不能喝酒，也要端起酒杯回敬对方，为表示热情要与对方碰一下杯，然后把杯子送到嘴前表示喝的动作。不可用双手比划自己不会喝酒或不能喝，酒动也不动，这是一种没有礼貌的行为。

吃西餐应特别注意水盂的使用，弄不好会闹出笑话。凡是上一道用手取食的食品，如鸡、龙虾、水果等，通常同时送上一个水盂（铜盆、瓷碗、水晶玻璃缸），水上漂有玫瑰花瓣或柠檬片，但它不是饮料，它是西餐讲究的洗指碗，置于左侧的上方，把手指浸入水中，轻轻洗涮一下，然后用餐巾擦干手指。

在进餐过程中，不宜紧靠椅背，或紧贴餐桌，把胳膊放在桌子上，这是很不文明的。不要随意脱去上衣。松领带或把袖子挽了又挽，也不要边抽烟边进餐，手弄脏了，不要乱擦，也不要用嘴去吸吮。总之，进餐中的一举一动可谓“此时无声胜有声”，你的形象在无声的一举一动中显露无遗。

观看演出

大凡重要的文艺演出活动，剧场一般要为宾客准备好充足的座位。在观看文艺演出时，七至八排为最佳座位；看电影，十五排前后为最佳。观众往往先行落座，而贵宾在开幕前由主人陪同入场，此时，观众应礼貌地起立鼓掌欢迎。

在西方，上大剧院观看演出是一种隆重高雅的娱乐活动，服饰均应在正式场合穿戴齐整。观众要自觉保持安静，不要吸烟，不要吃带皮的零食，也不要打瞌睡，更不要在演出中交头接耳，窃窃私语，从而影响旁人观看。迟到者应该在幕间进场。所有这些基本的礼仪也通行于我们国家。要知道，无论是文艺表演、音乐会，还是歌舞剧、戏曲，其剧场内布置都是非常典雅的，演员服装也十分鲜艳。假如衣冠不整的人闯了进去，一定会与当时的环境气氛格格不入，因此，即使是下班后直奔演出剧场，无暇更衣，那也要事先准备些容易更换的外套，力求使自己的外貌与欣赏对象和谐一致。不用说这对演出者也是一种尊重。

观看现代爵士乐摇滚乐队的演出，无所顾忌的表演需要同样的热情疯狂的观众的配合。演员与观众的情绪相互感染，相互激发，会使得演出场地的气氛在沸腾中达到高潮。而在观赏传统的歌舞、芭蕾节目的时候，保持演出大厅里的肃静，则是这些典雅的传统艺术在演出时所需要的外部环境。

若是外国的文艺团体来我国演出，许多艺术的表达方式，对我们来说可能是陌生的，由于不同民族的审美观点不尽相同，有些演员的表演不一定符合我国大众的欣赏口味，遇到这种情况，观众应本着团结友谊的原则，不要以自己的好恶妄加评说，更不应该在演出时中途退场或鼓倒掌。对远道而来的文化使者，我们都应该以热烈的掌声来表示对他们的欢迎。

在一些重要的演出中，常常可以见到我国的记者们比台上的演员还忙碌。他们台前台后，跑来跑去，拍照录像。有的记者站在台前琢磨镜头角度，一站就是十几分钟，遮挡观众的视线；有的记者把摄像灯光打向观众席久久不熄火，殊不知这些做法会大大影响观众欣赏节目，都是很不礼貌的。

节目演出结束之后，演出如果非常成功，观众当然会情不自禁地热烈鼓掌，即使节目不那么动人，也应该鼓掌欢迎，以对演员们的辛苦表示感谢和鼓励。

听音乐会

用工作之余暇去听音乐会，的确是一件高雅而庄重的事情，但在进入音乐厅时要注意衣冠整洁，否则，在艺术的殿堂里，如果脏乱差，必定会令人侧目。

听众均应于音乐会开始前人座。入座时，应该请女士先行，男士随后。在走向自己的座位时，如果需要已就座的听众让道，则应当面向已就座者，并轻声道一声“对不起”，不要以背与之相对，这是不礼貌的。就座时，男士一般坐在女士的左边，以便照顾女士。

一旦演奏开始，听众就将被禁止入内，而只能在门外静听。只有等到一曲终了或中场休息才可进入。

在音乐会上，不允许交谈、打呵欠和咳嗽，也不允许中途退场。否则会引起其他听众的不满，并且使演奏者感到难堪。音乐厅里一般禁止吸烟、吃零食、喝易拉罐饮料，这些做法在音乐厅里都被视为没有教养的表现。

每支乐曲演奏完毕，听众应以掌声向演奏者致谢。即使对演奏者佩服得五体投地，也只能等到整个一部音乐作品演奏完毕之后，才可以鼓掌。在一部作品的演奏间歇时鼓掌，如同中途打断别人的讲话一样，只会显示出自己的无知。如在演奏期间需变换坐姿，应该注意动作要轻，不要把座椅弄出声响。

吹口哨和高声呐喊，不论是不是在表示对演奏的赞赏，都是不文明的。向自己敬佩的演奏者献花，宜在音乐会结束后进行。中途登台献花是有失检点的，并且还会败坏其他观众的情绪。

演奏全部结束后，全体听众应在座位上停留片刻，不要急于退场，待演奏者谢幕时，全场应起立鼓掌，以表示对演奏者的尊敬，然后方可退场。

退场时，应由女士先行，男士随后，不要抢行。

观看体育比赛

体育是竞技项目，通常以地区划分比赛单位，观众对自己的代表队在心理上以及行为上往往有所偏倚，完全可以理解，但赛场上是有输有赢的，本队胜利了，需要欢呼，他队有精彩的表演，也应同样喝彩。至少不要在对方观众表现出欣喜之时，以一片“嘘嘘”声相应。这是观看体育比赛最基本的礼仪。

观众的观战只是为了助威助兴，以增添比赛团结热烈的气氛，若出现任何狭隘、偏激的行为，只会影响比赛的正常进行，损害本队观众的形象。

赛前的运动员介绍，无论是主队的还是客队的，观众都应鼓掌欢迎，使双方运动员在心理上有一种“宾至如归”的感觉，精神放松，这样会使比赛更加精彩、激烈。

体育比赛多种多样，不同的运动需要观众营造不同的气氛。在球类比赛中，场内震耳欲聋的欢呼能够刺激运动员的兴奋神经，使得比赛高潮迭起。而在有些比赛的某些时刻，则需要一种相对的安静。例如台球比赛，在运动员伏在球案旁，凝神算计，抽杆一击的片刻，观众的安静会使队员冷静沉着。如果在队员击球之前，有人制造喧嚣的声音，那么，运动员的比赛成绩就会大受影响。棋类比赛也是如此，需要一个安静的环境。

对一些在我国新兴起的体育项目，广大体育爱好者还不大了解它对观众的一些特殊要求。网球比赛有这样一种说法，赛场上运动员比技术、战术，观众之间比的是绅士风度。网球比赛出现精彩场面，要求观众的激动和兴奋应有所控制，鼓掌即可，不必大喊大叫。此外，观众还要衣着整齐，坐姿端正，因为网球历来被誉为是一种绅士运动。

随着我国对外开放的不断扩大，各类体育明星的表演赛也愈来愈多，如球类、田径赛、竞技、角斗等。这类比赛往往高手云集，技艺卓越，高潮迭起，激动人心的场面很多。作为观众的一方应注意哪些礼仪要求呢？

第一，要注意着装，文明购票，按时入场。观看明星比赛，一般不会有规定服装的要求，但并不是说服装就可以任意穿戴了，有教养的观众总是会出于礼貌自觉地做到服装整洁、大方。要按时入场,不要在人群拥挤的入场口逗留或说闲话,进场后应尽快找到看台座位坐下来,不要踩座位或高声喧哗。要遵守场内的规定,如果受到场内工作人员的指责,不仅失面子影响情绪,而且是失礼的。这类比赛往往出席的名人和参加的明星较多,有时入场券不好买。如果想在入场口等待退票,要注意礼貌礼节,不可纠缠他人,不可争论,得到退票应向人道谢。

第二,遵守比赛秩序,以保证比赛的正常进行。比赛中不管发生了什么情况,心中不满,也不可以出口骂人,向比赛场投掷杂物,攻击裁判等。随着比赛高潮的出现,看台上的气氛也会热烈起来。鼓鼓掌,文雅地加以赞扬都完全可以,甚至态度更热烈一些也无不可,但尖声呼叫、吼叫、乱吹口哨、跺脚等则不适宜。看到精彩处不能得意忘形,忘乎所以。

第三,做文明观众。看台上既是观看比赛的地方,同时还是社交的场所,不能做任何失礼和有失个人尊严的事,不要尾随、堵截名人、明星,不要堵住明星们的汽车,不要纠缠明星们给自己签名留念。

交际场合的文明举止

手　势

手势往往是人们交往中使用得最多的一种动作。例如,高兴时人们常常会拍桌捶腿、摸胡子;悲痛时捶胸脯;为难时会搓手;悔恨时自拍脑门;称赞人时会翘起大拇指;蔑视、小看人时会伸出小指……。这些其实都是用手势来增强表达思想感情时的情绪色彩,使这种表达更富有感染力。二次大战期间,英国首相邱吉尔在结束电视讲演时,举起右手握拳、伸出食指和中指构成"V"字形,以象征英文"胜利"一词的开头字母,结果引起了举国欢呼！因为这个手势十分形象地表达了英国人民战胜法西斯的必胜决心和信心。因此，至今人们仍用它未表示祝愿和信心。

手势运用得恰当、明 ，会增加你传出信息的清晰性。在向对方描述某些物品的形状、大小时，用手势比划一下，能使对方了解得更快更准确一些；和较远处的人打招呼、说话时，配以手势就能使对方更容易明白你的意思。

手势还能表达有些言语所无法表现的内容。例如，在车站送客时，火车已徐徐开动、渐渐远去，这时讲话已无法使对方听见，只有举手频频摆动，才能使对方更体会到你那一片依依惜别之情。又如，在喧闹的锻工车间，说话无法听清楚，那指挥锻打工件的老师傅就会用好多种不同的手势、像乐队指挥那样指挥汽锤司机进行各种操作。

使用手势的多寡、各种手势所代表的意义各民族、各地区都有所不同。例如，根据一位英国心理学家的研究，发现每平均讲话一小时，芬兰人做一个手势；意大利人——80 个；法国人——120 个；墨西哥人——180 个。又如，把手指放在鼻翼，在英国表示“秘密！”可在意大利却是亲切地警告“危险！”“小心。”把拇指和食指作成圆形，在英国是表示“行”；在日本是表示“金钱”，而在法国若脸带微笑是“行”、不带微笑却表示“零”、没有价植；在其他一些国家，这手势还可代表一种猥亵。正因为手势有文化差异，所以，美国有一位通晓三种语言市长，当描述他演讲情景的电影没有声音时，听众从他的手势辩认他在讲哪种语言并不困难。所以，当地和异地、异域的人交往时，懂得一点他们的手势语看来还是必要的。

握手可能是交往中用得最多的一种手势了。作为一个有教养的人，你在和别人握手时应当这样做；完全伸开手掌握住对方，力量既不重也不软。另外，在和各种不同的人握手时还有些微妙的讲究。如，男子和妇女握手时，忌讳握得太紧、时间太长；上级和下握手时，忌被动无力，否则会给人以架子十足、敷衍了事的感觉。同时，在握手时还应正视对方，面带微笑，而不能环顾左右、心不在焉。这样，人们才会感到你平易近人、乐于交往。

眼 神

称之为“眼技”;甚至还有人说:“女人不用嘴杀人而是用眼睛杀人”。凡此种种,都说明眼神在人际交往中有着巨大而神奇的功能。

还记得美国电影《胜利大逃亡》中的一个镜头吗:当轮打到德军足球队罚点球时,那位盟军队的守门员一语不发、却用一种愤怒、仇恨、具有一种无坚不摧力量的目光直盯着德方主罚队员,看得他丧魂落魄、胆战心惊,因而踢出的球疲软无力,被盟军守门员轻而易举地接起。可见,眼神有时会具有一种摄人魂魄的镇慑力量,使心虚的人望之丧胆。电影《列宁在十月》里的捷尔仁斯基,不也就是用这种眼神威严地盯着叛徒,喝令他“看着我的眼睛!”从而使叛徒一下现出了原形吗!

当然,在更多的情况下,眼神主要还是用来表示对对方的友好、重视、关心、注意。例如,在课堂上,主讲教师不时地对来听课的新同事报以眼光注视,这是在对他表示一种善意、友好的关心;一位记者采访时对没轮上交谈的人多看几眼,他们也许会感到自己并未被忽视;在来宾众多的沙龙或舞会上,女主持人用眼神向那些没来得及亲自招待的客人示意,他们就不会感到自己被冷落。相反,如果对方说话时你的眼光游移不定,他就会感到你对他的话也许已失去了兴趣、甚至厌烦了。

眼神也是调节交往双方心理距离的手段。据研究,谈话中双方的双目对视一般只持续一秒钟左右,然后就移开,否则就意味着双方的关系十分密切。一般说来,如果交谈双方离得较远,那就可以用多注视对方的办法来拉近心理距离;相反,如果双方离得很近,尤其当对方又是一位年轻而又同自己无亲密关系的异性时,经常转移视线就可以让大家都不感到窘困。在公共汽车上、饭馆里、马路边等公共场所,素不相识的人们即使目光相遇,也会马上移开,以暗表“我不认识你,我不会妨碍你”的潜台词。

总之,眼神中的学问奥秘无穷,如果你能得心应手地运用的话,在交往中往往就可以达到“万般风情,尽在不言之中”的境界。

面部表情

包括眼神在内的面部表情在传达信息方面起着重要的作用，特别是在情感的交流中，表情的作用占了极大的比例。心理学家发现，在情感交往中，一个信息的表达 =7% 的言语 +38% 的声音 +55% 的面部表情，足见交往中面部表情之重要。

一些心理学家把面部表情分为上半部分和下半部分分别加以研究，结果出人意料地发现，嘴在表达各种思想感情方面的作用比眼睛还要重要要。另外，发现眉毛也有二十多种“表演节目”，而且还有人发现男子使用眉毛甚至比女子更多。因此，你想要更好地表达，不妨恰到好处地运用眼睛、眉毛、嘴形等各种脸部表情。

然而，不管面部表情如何复杂微妙，在交往中最常用，也是最有用的面部表情就是你的笑容。愿不愿、会不会恰到好处地笑，实际上完全能反映你适应社会、进行社交的能力如何。

笑，应该发自内心，自然坦诚。《聊斋志异》中描写婴宁“善笑，禁之亦不止，然笑处嫣然，狂而不损其媚，人皆乐之”，说明纯洁真诚的笑确实是引得人人喜爱的。同样，你在公共汽车上为老人、妇女让座时不是毫无表情，而是带着一种欣然情愿的微笑，那么，人们就会感到你确实是一片诚意。总之，人们之间多一点这样的笑，在家庭中能创造幸福，在单位里能增强团结，在商店里能吸引顾客，在工作中能鼓舞干劲。

在交往中，会笑、善笑往往还是具有幽默感的标志。因为幽默往往是通过恰到好处的嫣然一笑流露出来的。例如，初次见面，说句笑话，在笑声中就消除了双方的拘束感；身处窘境，自嘲地开个玩笑，也可摆脱窘境；别人对你有所冒犯，你可大度地一笑了之，算是“相逢一笑泯恩仇”吧；对方如若出了什么差错，你一句笑话也许就能为对方解围。

总之，可以肯定地说，不善笑便不善交往，善意的、恰到好处的笑，则使自己轻松自如，使别人心旷神怡。

姿 态

中国的传统是很重视人在交往中的姿态的,认为这是一个人是否有教养的表现,因此,素有大丈夫要“站如松、坐如钟、行如风”之说。在现代社会中,我们在交往中同样要注意自已的姿态得当。在日本,有的公司对职员的鞠躬弯腰还有具体标准:欢迎顾客时鞠躬30°、陪顾客选购商品时鞠躬15°、对离去的顾客鞠躬45°,可见他们对姿态的刻意讲究。

如果你在交往中想给对方一个良好的第一印象,那么你首先应该重视和对方见面的姿态表现。如果你和人见面时耷拉着头、无精打彩,对方就会猜想也许自己并不受欢迎;如果你不正视对方、左盼右顾,对方就可能怀疑你是否有交往的诚意;如果你双眼朝天、趾高气扬,对方就认为你也许目中无人、不可接近;如果你点头哈腰、谦虚过分,对方又可能怀疑你此行是否别有用心……。所以,在一般情况下,和人见面时你的姿态应当不卑不亢、落落大方,眼睛正视对方,微微欠身颌首,并主动伸出手来向对方表示问候。

根据交往对象、场合等的不同,你还应该采取不同的交谈姿态。如果和你正式交谈的是德高望重的前辈、师长,那你为了表示尊敬,应该坐直身体并略为直倾,还可把双手放在膝上;如果和你交谈的是同窗好友、从小耳鬓厮磨的小伙伴,那么,即使架起二郎腿、把身体靠在沙发上随便一些,对方会觉得相互之间亲热、不见外,但这时如果对方的妻子(丈夫)也在场,而你和她(他)又不十分熟悉,那最好还是略加收敛,以示礼貌和尊重。在交谈中如果有人给你敬烟沏茶,你应该礼貌地起身或欠身以表谢意。当然,辞别时你也应该略为欠身向主人一一告别,如主人送你,应适时转回身体、摆手示意对方留步。

姿态运用得当能大大加强你的说话的表现力和感染力。演讲者在说到慷慨激昂时往往昂首挺胸,振臂以呼,说到悲愤处往往跺脚捶胸、声泪俱下。列宁的演讲之所以能使人感到紧扣心弦、振奋不已,这和他善用姿态、手势等来配合演讲是分不开的。

位　置

交往中双方所处位置如何，对交往的结果也有意无意地产生着微妙的影响。

中国古代是很讲究座次尊卑的。例如，在堂上一般是以南为尊，大臣们北面朝君，又一定是以东为上。所以，《史记·廉颇蔺相如列传》中说蔺相如当了上卿后“位在廉颇之右”，为此，廉颇很不服气。今天，人们在交往中虽不象古代那样讲究座次尊卑，但实际上有时这个因素仍能起到一些微妙的作用。例如，在有两个国家以上的代表参加的外交谈判中常使用圆桌，就是为了避免由于位置的不同而造成谈判中某方的不平等感觉。

由于交往双方的位置如何会影响双方的心理距离，因此，夫妻、恋人交谈一般总不会相对而坐，而是要比肩而谈，因为这样才显得双方亲密无间。相反，外贸谈判时却常常是双方相对而坐，显得互相平等，且有一种抗衡感。懂得这个道理是很重要的。有些教师叫学生到办公室谈话时喜欢自己坐着，让学生站在自己办公桌对面或侧旁，殊不知这种位置处理一开始也许就已经在学生心中造成了一种抵触感，倒不如是找个空教室、两人并肩而坐、促膝交谈，会使相互之间关系更融洽和谐。

注意交往中的位置问题有时也是为了礼貌，按照西方礼节，一位男子不应坐在或走在两位女士中间。又如，按照我国习俗，若家有客人来访，即使主人身居斗室，也应该让客人坐在室中最好的椅子上和最好的（朝阳暖和的或通风凉爽的）位置上。

有时候，人们选择的位置还会影响其他人对你的看法。如果你是一位大学生，在上某门课时专找教室后面的角落坐，那么，教师就很可能猜测你上课总想开小差，还可能认为你对老师不够尊重，尽管你的实际想法也许并不是这样。

距 离

有这样一个笑话：一个小伙子向一位姑娘求爱，为了表示对她的敬重，他说话时离开姑娘有两米远，可姑娘很生气，说他不是在求爱，而好像是在发布新闻，于是告吹。后来小伙子吸取了教训，在向另一位姑娘求爱时靠得她非常近，可那位姑娘也马上拒绝了他，说他不是求爱，而是在逼爱，真把小伙子弄得无所适从。笑话终究是笑话，但它也说明，在交往中，人们之间的距离确实是颇有讲究的。

根据心理学的研究，每个人的周围都有一个无形的场，别人若进入了这个场，就会感到自己的私人权利被侵犯了。在一般情况下，普通人的场的半径约为60厘米，大约等于一个手臂的长度，换句话说，两个人在讲话时一般是相隔60厘米左右。当然，人们间距离的远近还要根据双方的亲密程度、谈话内容的秘密程度而定。根据美国人类学家爱德华·霍尔的研究，人们间的站距有如下规律：

亲密的距离：45厘米以内，这是拥抱、说悄悄话的距离；

朋友间的距离：45～120厘米，这是一般交谈的距离；

社会距离：1.2～3.6米，这是团体讨论、宴会交往的距离；

公众距离：3.6米以上，这是途中招呼、摆手致意等的距离。

当然，在公共汽车、火车上，在食堂、饭馆内，在拥挤的大街上，这种距离就没有实际意义了。但是在这些情形下，人们一般都会自觉地避免双目对视，以制造一种心理距离或屏障，使彼此间都不感到难堪。

自控力及其培养

自控力又叫自制力，是人们控制和调节自己行为的一种能力。自控力是坚强意志的一种表现,有自控力的人才能为了达到目的而控制自己的情感,约束自己的言行,忍辱负重在所不辞。苏联教育家马卡连柯曾经说过:“伟大的意志不仅善于期待并获得某种东西,而且也善于迫使自己在必要时拒绝某种东西。没有制动器就不可能有机器,没有抑制力也就不可能有任何的意志。”

自控力在交往中主要表现是能够用理智和意志的力量去驾驭冲动的消极激情。在生活中,有些青年朋友激情澎湃,容易发火,一件不顺心的事,往往引得他暴跳如雷,或秽言相讥,或拔拳相向,铸成大错。而在盛怒之后,看到自己造成的后果,又悔不该当初。这都是自控力差的结果。

那么,怎样培养白己的自控力呢?

第一,明理。我们应该建立这样一个认识:人和人是平等的,人与人必须互相尊重和爱护。为区区小事而大动肝火,大发雷霆,这不仅不解决实际问题,多半还会导致相反的结果。而且,消极的激情有时会伤害别人的感情,甚至会侮辱别人的人格,这样,你不仅不能得到别人的友情,还会受到众人的轻视,陷入孤立无援的境地。总之,消极的激情是人际交往的绊石,是友情发展的蛀虫。如果我们充分认识消极激情的弊端,了解自我控制的好处,对于形成自控力是有益的。

第二,奖惩。我们在交往过程中要善于对自己的行为进行及时强化。当遇事不加克制,产生消极激情,引起别人不悦和指责时,可以给自己某种惩罚,如自我谴责,取消一次原订的娱乐活动等,形成厌恶的条件反射;当遇事能够自控,赢得别人的感谢和尊重时,可以给自己某种奖励,如看看电影、逛逛公园,形成愉快的条件反对。其实,奖励和惩罚的方法适用于其它任何心理品质的形成与克服,是行为塑造的有效手段。

第三,宽容。消极的激情通常是在别人做错事的情况下发生的。对此我们应该想到,人非圣贤,孰能无过?况且,过错的原因也不一定是别人主观意图不正,它常和水平高低、能力强弱、方法是否得当有关。再者,自己以为别人错了,未必就是别人真错了,也许是自己的认识偏颇呢?或许恰恰是自己错了?因此,对于非原则性的错误,怒斥、讥讽、打架等消极情绪绝非上策,而开导和宽容恰恰能使人自责,看到自己的毛病,承认自己的过错。同时,只有宽容别人的人,在自己做错事后也才会得到别人的宽容。宽容也是自控力的重要特征之一。

第四,自制。消极的激情与一个人的情绪、意志的性格特征有关。气质属胆汁质、性格外倾的人情绪容易冲动,这就需要注意在实践中有意识地磨练自己的自制力。俄国作家屠格涅夫曾劝告那些将要失掉自制力的人们,在发言之前,先把舌头在口内转十圈。类似之举,能收到消除怒气、增强自控的效果。

第五,转移。要积极地控制自己,转移注意力是很有效的。比如你感到自己快要发火时,立即走开回避;辩论的时候,你觉得要控制不住了,就马上停止争论,顺手拿本书翻翻,或者欣赏墙上的字画等装饰品……。这样有利于平静自己冲动的激情。

第六,自警。经常提醒、警策自己也是培养自控力、克服消极激情的有效方法。近代爱国志士林则徐曾有一度脾气急躁,经常发怒,为了改掉自己的暴躁性子,他写了"制怒"两字,并制成横匾挂在书房内。以后,这块横匾跟随他走南闯北,以此自警自策,终于改掉了暴躁的性格,形成了良好的自控力。自警的方法很多,座右铭、写日记等都是行之有效的自警方法。我国教育家杨杏佛先生说得好:"日记虽小课,然作时多在深夜,追省一日所为,无异衡其功过防患未然,悬崖勒马皆在此时。若日日无间断,虽无意自省已尽自省之功矣。"

现代内在美

光辉的轨迹

——雷锋之歌

一

三月,灿烂、辉煌的春天,有热情的火在广袤的大地上席卷,有雷鸣般的声音在召唤……

呵,雷锋,人们熟悉你的笑容,热切盼望春燕如期归来。其实你并没有离开我们,一直置身于共和国大步行进的队列中。

你像一丛奋然开放的鲜花,滤净空气中分贝过量的噪声;我们每天都接受你微笑的询问,白荷世界容不下一点灰尘。

跟你在一起,就会变成火,就会变成钢;或者凝成晶莹的露珠,在清晨闪闪发光……

啊,雷锋,你闪光的日记即使再次熟读,也会唤起人们璀璨的回忆;大海的怒潮即使成为未来,也会在礁石上镌下你青春的风采。

二

人生应该有一种选择、一种信念。我们选择奉献。选择燃烧自己照亮别人的蜡烛,选择默默吐丝给人温暖的春蚕。

呵,雷锋,你平凡而动人的故事,都告诉我们,奉献是平凡无言更要披肝沥胆。为了明天,我们挥洒奉献的热汗,用勤劳智慧把希望的火炬点燃。

生命是一个过程，是向前、向上的过程。每一个日子，都是一层坚实的台阶。有的台阶上开满了鲜花，有的台阶上长遍了绿树，有的台阶上缀结着硕果，有的台阶上厚铺着冰雪……

呵，雷锋，如果在边远的乡村，有一柱红烛光明。那就是你的火种。点燃它透明的烛芯；如果在璀璨的星空，有一颗闪光的星星，那就是你的汗珠，凝成它闪光的生命；如果在汹涌的海上，有一名无畏的水手，那就是你的信念。铸就他不屈的灵魂……

三

你一生辉煌的轨迹，闪耀在一本书里；一支支歌从你日记里飘出，编织我们理想的天空；你短暂的生命之光，使我们思想的原野盛满着鲜花和露珠，生长阳光和粮食。

呵，三月春风，吹来了一路翠绿和微笑，一路粉红的欢愉。实实在在的直爽，坦坦荡荡的开阔，渗出嫩绿的季节，淌着乐悠悠的小河，溢出浓浓的醇香，荡着暖生生的欢歌……

呼唤真诚

为人处世，最珍贵者，莫过于真诚。真诚即真实与诚实。真实是客观的再现。如同一泓清澈见底的潭水，映照其间的形象与客体往往等同无异。诚实却含蓄和深邃多了，因为它反映的是内在的精神世界，需要心灵与心灵相撞击，而产生真诚的火花。也许正因为它不客观直露的缘故罢，通过精神机能的过滤、辨析、思索、理解后，折射出来的难免夹杂一定的主观色彩。

我们需要真诚，因为这是做人的基本准则。这个准则在我们的生活中曾根深蒂固过。还是在孩提时,我们就受过种种做人要真诚的教育,并不断起到潜移默化的效果。长大成人具备了扳起面孔教训别人的资格后,我们也用同样的方式教育过自己的子女。记得小时候,曾因调皮砸碎了人家的玻璃,众孩童见状一哄而逃作鸟兽散,而我却乖乖地呆立原处,等待接受主人的训斥和责骂。那低头无语、泪流满面状尽管可怜兮兮,但却是一种见错敢认的诚实。

童稚无邪,童心纯正,我们曾引以为荣。

再拿过去的单纯来衡量现在的童心,讲诸如此类近似落俗的故事,往往要引起孩子们的讥笑。有次为上二年级的儿子检查作业,发现有明显的不该发生的错误,当指责他粗心时,儿子却神秘地告诉我,那是故意。因为每天到校后都有小朋友借去抄袭,待归还之后自然要改回来的。问其何故,答曰:老师每天都在黑板公布得分,为了保证天天名列榜首。而对儿子的一脸真诚,我一时瞠目无语。

谈不上是进步还是倒退,现实中往往有很多事情逼迫你去违心地适应。既然从小学时就潜伏着激烈竞争;优胜劣汰的杀机,儿子为了顺应和适应,便在不知不觉中学会了悖谬。细细思索起来,会发现生活中有很多事情始于真诚却悖于情理,如同动物为自我保护而作出的条件反射。笔者算是操笔小吏吧,多年伏案劳作,孜孜不倦,但随手翻阅自己生产过的官样文字,触口可及“在××正确领导之下”“本单位形势一片大好”;讨论发言,张口即是“我们要以××重要讲话为指针,抓紧贯彻落实”云云,明知这是虚套和废话,却又不得不如此刻画,否则将触怒领导,难以过关。想来惭愧。为了适应和顺应,也学会了说些言不由衷的话,戴着假面具做人,而且丝毫不觉得有什么不自在。

麻木最为可悲。学孔繁森的事迹,我们常常汗颜。如果心底无私,乐于奉献,如果坚定了生活的信念,我们便会正确对待生活对我们的理解和误解。尽管生活中存在种种悖谬和颠倒,尽管天长地久,圆滑与世故已成为一种惯性和积习,但是热爱真诚,追求真诚仍然是众望所归,蓬勃向上的主流。只要我们拥有共认的准则,那么真诚就将会永远存留在我们的生活中。

崇尚俭朴

提出这个焦点,是由于阅读了在报纸一角的一则小消息。这则消息介绍:香港大学社会研究中心调查结果表明,香港四分之三的青少年有储蓄习惯,一半以上的青少年懂得量入为出,节约用钱。

简朴、节约在任何时候、任何地域都是值得提倡的美德。而今物质生活条件的逐渐充裕,使越来越多的同学渐渐远离、甚至遗忘了这种美德。主持人至今记得上广西、贵州贫困地区山村学校采访时见到的一个场景:在一间简陋的、四面透风的教室里,坐在后排的一个小女孩捏着一支大概只有寸来长的小铅笔头,费力地一笔一画写着作业。她那副认真的神情既令人感动,也令人心痛。主持人很自然地想到城里孩子文具的种类丰富,甚至想到城里同学扔掉不用的文具都比山里同学现有的要好许多。城里同学大概从来无需费心地计算一学期要用多少支笔、多少个本子、买了多少本课外书……常常是笔用得不喜欢就扔了,本子写过几页就换了,课外书一遍没读完就破得不愿再看压在箱底。这些毕竟还都是学习用品,家长们也常会不折不扣地满足孩子们的要求买更新的、更好的。久而久之,许多同学勤俭节约、崇尚俭朴、爱护东西的良好习惯慢慢地就丧失了。

一个初二年级的男同学能列出一长串的学习用品名牌清单,什么样牌子最好,什么样的其次,什么样的拿不出手,讲起来振振有词、口若悬河。很多同学觉得要求吃好的、穿好的、用好的,追求名牌是件顺理成章的事。专家分析指出,青少年过早追求高级消费享受,对其心智发育、情操培养明显不利。父母过多注意孩子物质方面的需求，一些同学也常凭借名牌学习用具在攀比中大出风头，引以为傲，忽视了同学们精神体系的完善，非常不利身心健康发展。

青少年时期崇尚俭朴，更有助于促成自食其力、勇于开拓、富于建设性的人生。也更有助于避免眼高手低，适应竞争激烈的未来社会。

主持人希望，俭朴之风能在城市学校里“吹”起来。

不做看客

长途汽车上，当勇敢者站出来孤身与歹徒搏斗时，满座乘客无一人起身相助；当垂死的人在水里挣扎呼救时，岸上数百“观众”像在看一道风景……每每看到这样的报道，人们都不禁慨叹：人心不古、世风日下，人越来越自私了。鲁迅先生当年在《示众》中，曾惟妙惟肖地描写了北洋军阀时代北京街头的一群看客，他们麻木而且无聊，对旁人的命运漠不关心。近一个世纪过去，不幸的是，先生笔下那样的“看客”，还有许多的后人。人们在困惑：难道经济越发展，一定就是人越来越自私、越不顾及他人；物质文明的进步，必然以精神文明的倒退为代价吗？

其实，身为“看客”的那些人，在自己遇到困难时，也未尝不希望有人来帮一把。有幸为人一世，谁又愿意生活在一个冷冰冰的世界呢？

近几天在各地做巡回报告的全国青年志愿者，让我们看到了许多不再做看客的人：

1993 年冬天的一场大雪后，北大校园坐出现了几个默默移动的扫雪者身影，扫雪的队伍不断扩大，第二天，三角地贴出了“爱心社”成立的启事，它开始改变人们心中“大学生自私”的印象。在唐山大地震后截瘫人组成的家庭里，80 厘米宽的门框，把屋里坐轮椅的人与蓝天白云的世界隔绝。房管局的志愿者来了，为他们凿墙壁，拓宽大门。一位女个体户，为帮助待业青年和下岗职工,热心培养二十几个“竞争对手”。连一位依赖每两天一次的血液透析延续生命的女青年,也在家里开辟了爱心热线,用自己微弱的生命之光,去给那些失意的人照亮前路……从这些志愿者的行动中,我们听到了一个共同的声音:人活着不能光为自己,也得为别人。

写到这里,看到报上刊登的一则消息:5 月 8 日又一个世界红十字日到来时,北京街头一辆辆白色无偿献血车前,第一次排起了长队。和以往事先分配指标给单位的做法不同的是:今年 200 多名献血者都是自愿来的。

30 多年前,社会上流行一句口号,叫作“人人为我,我为人人”。今天,让我们都对自己说一声:不做看客。

现代人的内在美

培养爱心:有了爱心,你就会去爱人、惜物;知道爱人惜物,心中自然平和易近。

谦虚为怀:自大、自傲,会使人觉得你不太容易亲近。你表现得愈谦虚,人家愈想去接近你。

积累知识:读书可以改变气质,知识积累越多,人越博闻,行为自然合乎礼仪。

培养个性:内在美不是学习就可以得来的,一味模仿他人,并不代表真正的自我。每个人都有每个人的特长、特性。你只要把你的特色展现出来,自然会引起他人的重视。

体谅别人:“严以律己,宽以待人”,是每个人应具有的品德。有此品德心胸自会宽大,人缘自然变好;反之,私心为重,利欲熏心,自会排挤他人;他人为保护自己,也会对你格外小心。

举止优雅：行为举止优雅，自然会讨人喜欢，矫揉造作，会使人感到厌烦。

遵守时间："不守时"是人们常犯的通病。偶尔一两次还可以谅解，若习以为常，就不能得到别人的信任。

有教养者的十大特征

①守时。无论是开会、赴约，从不迟到。他们懂得：迟到是不尊重他人的表现。②谈吐有节。不随便打断别人的谈话，先听完对方的发言，然后再去反驳或补充对方的看法和意见。③态度和蔼。在同别人谈话的时候注意力集中，而不是心不在焉。④语气中肯。从不高声喧哗，在待人接物上，心平气和，以理服人。⑤讲究交谈技巧。尊重他人的观点和看法，即使自己不同意，也不当着他人的面指责对方，而是陈述己见。⑥不自傲。在与人交往相处时，从不强调个人特殊的一面，也不有意表现自己的优越感。⑦信守诺言。说到做到，即使遇到某种困难也从不食言。⑧关怀他人。总是表现出关心并给予照顾和方便。⑨大度。与人相处胸襟开阔。不会为一点小事情而和朋友、同事闹意见，甚至断绝往来。⑩富有同情心。在他们遇到某种不幸时，尽力给予同情和支持。

一位外教对中国学生讲的故事

有这么一个故事：在暴风雨后的一个早晨，一个男人来到海边散步。他一边沿着海边走着，一边注意到，在沙滩的浅水洼里，有许多被昨夜的暴风雨卷上岸来的小鱼。它们被困在浅水洼里，回不了大海了，虽然近在咫尺。被困的小鱼，也许有几百条，甚至几千条。用不了多久，浅水洼里的水就会被沙粒吸干，被太阳蒸干，这些小鱼都会被干死的。他忽然看见前面有一个小男孩，走得很慢，而且不停地在每一个水洼旁弯下腰去——他在捡起水洼里的小鱼，并且用力把它们扔回大海。这个男人停下来，注视着这个小男孩，看他拯救着小鱼们的生命。终于，这个男人忍不住走过去："孩子，这水洼里有几百几千条小鱼，你救不过来的。""我知道。"小男孩头也不抬地回答。"哦！那你为什么还在扔？谁在乎呢？！""这条小鱼在乎！"男孩儿一边回答，一边拾起一条鱼扔进大海。"这条在乎，这条也在乎！还有这一条、这一条、这一条……"

今天，你们在这里开始大学生活。你们每一个人，都将在这里学会如何去拯救生命。虽然你们救不了全世界，救不了全中国的人，甚至救不了一个省一个市的人，但是，你们还是可以救一些人，你们可以减轻他们的痛苦。因为你们的存在，他们的生活从此有所不同——你们可以使他们的生活变得更加美好。这是你们能够并且一定会做得到的。

在这里，我希望你们勤奋，努力地学习，永远不要放弃！记住："这条小鱼在乎！这条小鱼也在乎！还有这一条、这一条、这一条……"

（附：这位美国外教是在中国某医学院作这番演讲的。他在把讲稿让校方过目时，一位领导不知为何竟很不喜欢，让他重写。后来外教还是坚持用了这篇演讲稿。我想他讲的这个故事也不仅仅适合医学院学生吧。）

怎样宽以待人

一个以敌视的眼光看人，对周围的人戒备森严，心胸窄小，处处提防，不能宽大为怀的人，必然会因孤独而陷于忧郁和痛苦之中；而宽宏大量，与人为善，宽容待人，能主动为他人着想，肯关心和帮助别人的人，则讨人喜欢，被人接纳，受人尊重，具有魅力，因而能更多地体验交际成功的喜悦。

宽以待人，就是在人际交往中有较强的相容度。相容就是宽厚、容忍、心胸宽广、忍耐性强。相容能接纳、团结更多的人，在顺利的时候共奋斗，在困难的时候共患难，进而增加成功的力量，创造更多的成功的机会。反之，相容度低，则会使人疏远，减少合作力量，人为地增加成功的阻力。

宽以待人，就要将心比心，推己及人。在人际交往中，记住"己所不欲，勿施于人"的教诲是大有裨益的，它可以避免提出人们难以接受的要求，避免由此而来的难堪局面，建立和维持良好的人际环境。

推己及人，是以自己为标尺，衡量言行举止能否为人所接受，其依据是人同此心，心同此理。将心比心，设身处地，还可以用角色互换的方法，假设自己站在对方的位置上，想想对一个行为或言论的反映，感觉如何，理解他人、体谅他人。

宽以待人，要有主动"让道"精神，宽容让人。在与他人交往中常常会因为对信息的意义理解不一；个性、脾气、爱好、要求的不同一；价值观念的差异产生矛盾或冲突，此时我们应该尊重他人意见，寻找共同立场，主动"让道"，而不"抢道"争先。"礼让三分"能确保"安全"，于己于人都有利。

宽以待人，要严于律己。在工作中兢兢业业，一丝不苟，精益求精，在日常交往中，以礼待人，遵守信约，多为他人着想，遇到危险时身先士卒，挺身而出，发生摩擦冲突时主动退让。

大凡有魅力的人，都具有良好品质。如果我们能爱心永存，真诚待人，宽以待人，就能尽可能多地赢得别人的好感、信赖和尊敬。就能较好地与周围人和睦相处，就能在人生旅途中顺利愉快地进行。

为什么交往离不开信用

中华民族历来是强调信用的，在人与人的交往中，把信用、信义看得非常重要。孔子曾说过："与朋友交而不信乎？"墨子也说："志不强者智不达，言不信者行不果。"还有"一诺千金，一言百系""一言既出，驷马难追"等都是强调一个"信"字。

自古以来，讲信用的人受到人们的欢迎和赞颂，不讲信用的人则受到人们的斥责和唾骂。李白曾在他的《长干行》中写道："常存抱柱信，岂上望夫台。"所谓"抱柱信"是说一个叫尾生的男子和一个女子在桥下约会，女子还没有来，河水就涨了。尾生为不失信用，还是不走，宁可抱住桥柱，被水淹死。尾生的行为是过于迂腐拘泥，但他表现出的精神却是历来受到称颂的。

信用是忠诚的外在表现。人离不开交往，交往离不开信用。"小信成则大信立"，治国也好，理家也好，做生意也好，都需要讲信用。

一个讲信用的人，能做到前后一致，言行一致，表里如一。人们可以根据他的言论去判断他的行为，进行正常的交往。如果一个人不讲信用，前后矛盾，言行不一，则无法判断他的行动动向，对于这种人，是无法进行正常交往的，更没有什么魅力而言。

守信是取信于人的第一方法。具有魅力的人，应该是守信的人，诚实的人，靠得住的人。

怎样才能诚信取人

人格魅力来自于完善的人格，真诚待人，恪守信义则是赢得人心，产生吸引力的必要前提。待人心眼实一点，心诚一点，守信一点，能更多地获得他人的信赖、理解，能得到更多的支持、合作，因而获得更多的成功机遇。

以诚待人，会在可以信赖的人们之间架起心灵之桥，通过这座桥，打开对方心灵大门，并在此基础上并肩携手，合作共事。自己坦诚实在，肯露真心。“敞开心扉给人看”，对方会感到你信任他，从而卸除猜疑、戒备心理，把你作为知心朋友，乐意向你诉说一切，愿意帮助你解决困难。

以诚待人，不能一味迎合某些人的虚荣心理，要坦荡无私，光明正大，一旦发现对方有缺点和错误，特别是对他的事业关系密切的缺点和错误，要及时地指正，督促他立即改正。虽然人不喜欢被批评，但当别人认识到批评者抱着一片赤诚，确实是为自己着想，便能理解接受，使彼此的心灵得以沟通，友情得到发展。

以诚待人，应当知人而交，当你捧出赤诚之心时，先看看站在面前的是何许人也，不应该对不可信赖的人敞开心扉。对不值得待之以诚的人，发出真诚的呼唤，结果是泥牛入海无消息。

以诚待人，还要恪守信义，对许诺一定要承担兑现。“人无信不立”，答应了别人什么事情，对方自然会指望着你；一旦别人发现你开的是“空头支票”，说话不算数，就会产生强烈的反感。“空头支票”会给他人增添无谓的麻烦，将使自己身败名裂。对别人委托的事情既要尽心尽力地去做，又不要应承自己根本力所不及的事情。

当然，人类社会相当复杂，一个人光凭诚恳与信义不一定能踏上成功之路；但是无论如何，坚守信义与真诚，是促进人际和谐的基础，也是人们交际成功的秘诀。

克服嫉妒

嫉妒也许是人类的一种普遍的情绪。人总有一种要求成功的愿望，有一种超过别人的冲动。这种希望和冲动总的说来是好事，是人类进步的一种动力。但是，在这种希望和冲动中不能排除还有比较低级的唯个人满足的成份。如果人的高尚的情操控制了低级的情绪，就会为他人的成功而高兴，并奋起直追，以自己的更大的成绩向别人挑战。如果低级的情绪占了上风，便可能产生嫉妒心。嫉妒心一产生，往往看到别人强于自己、受到称赞和表扬，就生气、难过、闹别扭，甚至拆别人的台，散布谣言，抵毁别人的成绩。身受其害的被嫉妒者，与其关系疏远甚至恶化自不待言，一定范围内的人际关系也可能因此而失去和谐、变得紧张起来。

嫉妒心的产生常常是因为一种错误的认识造成的。即你取得了成绩，便是说明我没有成绩，你成功了，便是对我的威胁，便是对我的利益的侵占。其实，并不是那么回事。一个人成绩的取得一方面在于自己的努力，另一方面也是大家帮助的结果，是大家的光荣。社会给予他荣誉，并没有减少你的荣誉。但有嫉妒心的人总是忽视了这一点。可见得，要克服嫉妒心，首先要学会正确思考问题的方法。

其次，使自己的生活充实起来。培根说过：嫉妒是一种四处游荡的情欲，能享有它的只能是闲人，“每一个埋头沉入自己事业的人，是没有功夫去嫉妒别人的。”因此，埋头学习和工作，积极参加有益的活动，使自己的生活丰富多彩，有助于克服好嫉妒的毛病。

第三，学会比较的方法。一般说来，嫉妒心理较多地产生于原来水平大致相间、彼此又有许多联系的人中间。两个平时很要好的人，一个人如果取得进步、赢得荣誉，另一个人也许就会比较：你原来并不比我强，这下冒了尖，把我“甩远了”，嫉妒心油然而生。因此，学会正确的比较的方法。善于学习别人的长处从而克服自己的短处,而不是以己之长比人之短。

第四,多作自我反省。在别人取得好成绩、受到表扬和奖励时,你可以自我反省,认真思考一下:我是否在嫉妒别人?如果你能够意识到自己在嫉妒,你就会控制或消除这种处于萌芽状态的情绪。

第五,驱除个人主义。说到底嫉妒心理是个人主义在作祟。具有这种心理的人往往以自我为中心,凡事只想到自己,不甘居于人下。如果驱除了个人主义,就会"心底无私天地宽",就能忧别人之所忧,乐别人之所乐,就一定能驱散各种嫉妒的烟云。

克服自私

蚂蚁这种小动物替自己打算是很精明的,但对于一座花果园,它却是一种很有害的生物。自私的人也如同蚂蚁,不过他们所危害的则是社会。

人应当把利己之心与利人之心理智地分清。在为自己谋利益时,不要损害他人,更不能损害君王与国家。

人不能像地球一样,把自己的利益定作绕以旋转的轴心。对于一个君王,他或许可以这样做,因为他所代表的不仅是个人,还有国家的利益。而对于一个公民,自私自利却永远是一种坏的品质。这种人总是把一切事物都按照一己私利的需要加以扭曲,其结果没有不危害社会的。

因此,君主在选择官员时决不能挑这种人。一旦任用这种自私的家伙,他们就将为一己私利而牺牲与公益有关的一切,成为最无耻的贪官污吏。他们所谋及的不过是一身一家的幸福,所损害的却是整个国家和社会。俗话有云:"点着别人的房子煮自己的一个鸡蛋",这正是极端自私者的本性。

然而可惧的是,正是这种人最容易获得主人的信任。因为为了达到利己的目的,这种人是宁愿不惜一切手段去拍马逢迎的。

自私者的那种小聪明,应该说是一种卑劣的聪明。这是那种打洞钻空了房屋,而在房屋将倒塌前及时迁居的老鼠式的聪明。这是那种欺骗熊来为它挖洞,洞一挖成就把熊赶走的狐狸式的聪明。这是那种在即将吞噬落入口中的猎物时,却假装悲哀流泪的鳄鱼式的聪明。

但是,那种"只知自爱却不知爱人的人"(西塞罗论庞培的话),最终总是没有好结局的。虽然他们时时在谋算怎样为了自己而牺牲别人,而命运之神却常常使他们自己,最终也成为自己的牺牲品。纵使人再善于为自己打算,却毕竟不能捆绑住命运之神的翅膀呵。

忘却宿怨

报复是一种私人的执法。犹如野生的蔓草,人的天性愈是自然地趋向于它,法律和文明就愈是应当剪除它。如果说,一件罪行只是触犯了法律,那么私相报复却是完全否定了法律。

其实,报复的目的无非只是为了同冒犯你的人扯平。然而如果有度量宽谅别人的冒犯,就使你高于冒犯者了。这种大度容人是君王的气概。据说所罗门曾说:"不报宿怨乃是人的光荣。"过去的事情毕竟过去了,是不能再挽回的。智者总是着眼于现在和未来,念念不忘旧怨只能使人枉费心力。何况为作恶而作恶的人是没有的,作恶都无非是为了利己自私罢了。既然如此,又何必为别人爱自身超过爱我们而发怒呢?即使有人作恶是因为他的生性险恶,这种人也不过像荆棘而已。荆棘刺人乃是因为它的本性如此啊!

假如由于法律无法追究一件罪行,而自行报复,那或许还可宽恕。但这也要注意,你的报复要不违法因而也能免除惩罚才好。否则你将使你的仇人占两次便宜:一次是他冒犯你时,二次是你因报复他而被惩处时。

有人只采用光明正大的方式报复敌人，这是可佩的。因为报复的动机不仅是为了让对方受苦，更是为了让他悔罪。但有些卑怯恶劣的懦夫却专搞阴谋诡计来报复，他们以暗箭射人，却又不让人弄清箭从何来。

对那种忘恩负义的朋友的报复，似乎是最有理由的，佛罗伦萨大公说：“《圣经》曾经教导我们宽恕仇敌，但却从来没有教导我宽恕背义的朋友。”但是约伯的格调就高一些，他说过：“难道我们只向上帝索取好的而不要坏的吗？”对于朋友，岂非也可以这样问吗？

一个念念不忘旧仇的人，他的伤口将永远难以愈合，尽管那本来是可以痊愈的。

只有为国家公益而行的复仇才是正义的。例如为凯撒被刺，为波克那克斯和亨利第三之死而复仇。然而为私仇而斤斤图报却是可耻的。念念不忘宿怨而积心图谋报复的人，所度过的将是一种妖巫般的阴暗生活。他们为此活着时有害于人，为此而死也是不利于己的。

要杜绝背后诽谤他人

《圣经》中这样说：“你们不要做诋诽邻人的伪证。”但是，有很多人喜欢传播一些可疑的谣言，而谣言就像奶油一样很容易融化开来。

按照《韦氏大辞典》，“说闲话”的解释是“到处闲扯，传播一些无聊的，特别是涉及他人的隐私的谎言。”换句话说，就是背后对他人品头论足。

这里指的是那种会伤害他人的闲话，而有些闲谈是很有趣的，而且人们也很可能在背后谈起邻居的好处。但是，有时在背后轻拍一掌只是为了看准该在哪时下刀子。不论有意还是无意，伤害他人的闲话都是不可宽恕的——故意的是卑鄙，无意的则是草率，也就是我们上面说过的人“缺乏自觉”。

传播伤害他人的流言，有时是出于嫉妒、恶意，有时是为了借揭示别人不知道的秘密来抬高自己的身价，这些都是令人心寒的事情。

有人曾问妇女们是否同意男子们的这个说法：闲聊主要是女人们的事情，她们是否认为男子们也有这种爱好。

得到的答案几乎都是：男人的闲聊绝对不亚于女人。但在一个重要问题上。女性对于男性相当宽厚，她们都同意男人们的闲聊一般没有女人那么刻薄。

在我们的谈话中，有百分之九十是闲聊，通常的中心是议论人和诽谤人。多数人都觉得：谈话中如果少了品头论足，会像没有加盐的夹生鸡蛋，或者掺了水的酒一样淡而无味。

人们最大的兴趣除了自己，就是别人——这又有什么错呢？

所以，我们并非要求你做到绝口不提不在场的人，你可以提。但是，一旦你发现自己想要说些不太愉快的话时，我们建议你立刻默想下面的名言：

"你自己也厌恶的东西，不要把它用到别人身上。"

你可以根据不同情况应用这句名言。如果你对安妮提到莎丽的体重增加了，这可能对于莎丽并非不实之辞，事实上她应当开始节制饮食了。但你揭露这件事确实起到了故意打她一个耳光的效果，这还不如直接打她一个耳光更诚实些。

当然，如果你公开诋诽他人，你很可能会自食其果。

什么是有损人格魅力的个性特点

一个人能否引起别人的好感和喜欢，能否与别人建立的人际关系，其个性品质十分重要。社会心理学归纳出妨碍人际吸引的个性弱点有以下10个方面：

1. 为人虚伪。人们在与为人虚伪的人交往时，常担心受骗上当，没有安全感,让人难以相信他。虚伪的人靠不住,难以吸引人。

2. 自私自利。这种人只关心自己,不关心他人,个人利益至高无上,斤斤计较,患得患失,损人利己,为人个人的蝇头小利可以损害放弃他人、集体的巨大利益,私心太重的人必然缺乏吸引力。

3. 不尊重人。这种人常常挫伤别人的自尊心,破坏了别人社会心理需求的满足,别人自然讨厌他。

4. 报复心强。与报复心强的人交往,使人常常担心不慎,就会遭到报复,心理上很紧张,因此自然疏远他。

5. 嫉妒心强。妒忌别人,气质上是企图剥夺别人已经得到的物质和精神的需要,这种心理一旦表现出来,就会引起别人的反感。

6. 猜疑心重。人们往往感到与猜疑心重的人难真诚坦率地交往。这种人心眼小,敏感多疑,难以让人亲近。

7. 苛求于人。吹毛吹疵,苛求于人,使人不快,常令人自尊心受挫。解除不快的办法,就是远离这种人。

8. 骄傲自大。恃才自傲,目中无人,自吹自擂,使人难以接近,因而严重地影响人际交往。

9. 过分自卑。自卑者在人们心目中是无能和卑贱的影子。缺乏自信心的人,往往自暴自弃,畏缩不前,这种人自然没有魅力吸引别人。

10. 孤独固执。人们难以和孤独固执的人和谐共事。

追求交际的成功,少不得人格魅力,而上述个性弱点会使你的人际吸引力大大减弱,所以应努力地克服这些使别人生厌的个性弱点,减少个性弱点对事业的消极影响。同时要善于认识和理解别人的心理需要,巧妙地应用自己的个性品质去适应社会交往的需要,努力使自己成为受人欢迎的人。

为什么不要以我为中心

讨人喜欢和受人信赖的人，不是那种以我为核心，想问题和做事情都从“我”字出发的人。人们由于自身的欲望和恐惧，常常会无视他人的情感和欲望。

不过，抑制自己的欲望和满足他人的要求，是人——需要相互协作的社会成员和正确的生活态度，而且是“社会人”的一种义务。

一个人，如果不能调节自己的欲望，缺乏站在社会和他人的立场上进行思考的能力，以我为核心的话，那么周围的人会逐渐离他而去，他将被社会和历史所遗弃。

为什么不要轻视他人

心理学家指出：一个人不会对鄙视自己的人抱有好感，而只会对承认和重视自己价值的人抱有好感。谁都希望别人不仅接受、承认自己，而且进一步发现自己的价值。与此相反，谁都极度厌恶别人轻视或无视自己。

一个人在待人接物时，如果牢记任何都是“世界上最可宝贵、最重要的存在”，那么就像他尊重别人一样，他也能受到别人的尊重。

每个人身上，都存在着值得承认和可以非难的东西，我们只要乐于寻找，是能够找出许许多多来的。具有否定他人的性格的人，总是轻视他人，净找人家的缺点；而具有肯定他人性格的人，则是努力在他人身上发掘值得承认和尊重的东西。由于前者只着眼于别人坏的方面，因此他就只能发现别人的缺点和错误；而后者则是着眼于别人值得承认的方面，因此就能发掘出对方的优点和长处来。

每个人都肯定存在着不怎么为他人所知悉的优点，我们应该不断地去发掘和赞扬这种优点。能够做到这一点的人，当然能博得他人的喜欢，受到他人的信赖。

积极人生思想三则

同一切交谈

我们人类的谈话对象异常广泛，如自己的汽车、狗、猫、坟墓（虽然已是空无一人）、玩具动物、画片等等东西。小时候，我崇拜一位明星，晚上经常是揣着照片睡觉，感觉自己仿佛躺在画中人的身边。你肯定也有类似的经历吧。尽管当时只不过捏了一张照片睡在床上，可心里觉得万分幸福。在想象中它可并不是简简单单的照片，而是有血有肉的画中人，而且就躺在自己的身旁。

我们的身体由几百万个细胞组成，每一个单细胞又产生出几百万的细胞，每一个单细胞都有意识。莫里兹·伯尔讷在《潜意识的智慧》里这样写道：

“你身体里的每个细胞都是小小的生物体，它只对你的想象做出反应，而不是说出的话。比方说，我们可以把人体细胞和器官与家庭饲养的动物作比较；假如你对一条狗说：“小狗真乖，真可爱，真听话！它自然听不懂你的话了。你也可以用一种外语说，可是你的想象却被传递过去，然后是感情，所以小狗摇起了尾巴……

现实生活中，积极人生思想意味着开发积极的情感。也许种子留在思想中,而想象却像花一样从思想中破土而出,发芽生长……

比如我们可以集中精力想象一朵玫瑰,想象它散发花香的时刻……

如果你想与体内的细胞建立联系,就必须借助图画语言。打个比方,即使你不知道胃是什么样子,也想象一下,发挥创造力,潜意识会理解你的所作所为。告诉你的胃,你感谢它每天所做的一切。你抚摸着它,告诉它,你爱它。你还可以同身体的其他器官进行这样的交流。

我的右膝盖曾经有一阵子不太舒服,在跑步时常常阵痛,连我最喜爱的足球也只好忍痛割爱了。后来,我开始想象自己进到右膝盖内部并与之交流,我坚持了3周的时间。我告诉它,我是多么地需要它,要是重新好起来,我该是何等的感激等等。我对膝盖说着感谢的话,三五分钟后我又接着想象下一个画面。这样3个星期过去了,病痛全部消失。从那以后,我与老友又踢上了心爱的足球。

取决于你的手

中国有一位智慧老者,他以有先知能力而著称。有一天,两个年轻男子去找他。这两个人想愚弄这位老者,于是想出了下面这个点子:他们中的一个准备在右手里藏一只雏鸟,然后问这位智者:“智慧的人啊,我的右手里有一只小鸟,你能告诉我这只鸟是死的还活的?”你想想,如果这位智者说:“鸟是活的”,那么拿着小鸟的人就会不经意地将手一握,把小鸟弄死,用这种方式来愚弄老者。如果他说:“鸟是死的”,那么这个人只需把手松开,小鸟就会振翅一飞。两个人认为他们万无一失,因为他们觉得问题只有两种答案。

在他们确信自己的计划滴水不漏之后,就起程去了老者家,想跟他玩玩这个把戏。他们很快见到了老者,并提出了准备好的问题:“智慧的人啊,你认为我手里的小鸟是死的还是活的?”其中一人问道。老人久久地看着他们,微笑起来,回答说:“我告诉你,我的朋友,这只鸟是死是活完全取决于你的手!”

学习爱护植物

大多数批评积极人生思想的人的问题在于，他们都按一条宗旨行事，即“不可能的事情就是不允许的事情！”这难道不是一种物质化了的思想吗？真愚蠢。知识分子认为这就是愚昧与金钱至上。如果你有一天碰到这种人，就该问一问他是否尝试过坚持拒绝的东西。你得到的回答很可能是：“我可不干这种无聊的事，因为我脚踏实地做事！”让这种人坚持他的观点去吧，因为在大多数情况下，这类论调往往与强烈的攻击性联在一起。尤其是谈自己陌生的东西时，攻击性常常代表着不安，因此内心的恐惧感也油然而生。这种人首先认为自己受过良好的普通教育，而且是只要真正存在的东西，他们就会知道。

我曾经与一群人泛泛地讨论过哲学，当时我谈了下面这个观点：如果有人打算养一种植物，只要友好地待它，或者抚摸它，它就会比周围的同种生物长得好，因为植物都是有意识的。

一位年轻女士，我们就称她安吉拉吧，很注意地听了我的话，两年后我们再次相遇时，她告诉我：“你当时举了许多关于积极人生思想的例子，可都没有触动我。当你谈起植物的意识时，我就打算做个试验。我选了一株屋里养的植物作试验品，我过去为它操过心，后来我想把它扔进垃圾箱里，因为它不像我设想的那样生长。

从那时起，我每天在它面前坐上5分钟，与它说话，告诉它，我是多么喜欢它，它有权利生长成骄傲而强壮的植物。我轻轻抚摸它的叶片，非常温柔地待它。不瞒你说，一开始我觉得自己很傻，所以每次对话前都关上窗户，拉上窗帘，免得让邻居知道了送我去精神病院。

我绝不会放弃我的试验，因为你的话唤起了我的兴趣。三周后，令人惊奇的事情发生了，我的植物开始生长，而后繁茂而美丽，两个半月后甚至开了花。以后我便开始了自己的精神工作。

半年后，我积累了好些积极的经验，我确信你当时说的话真是那么回事。人思考什么，他就是什么，这句话千真万确。假如我那天晚上把你当成傻爪，我这辈子就不会拥有这些积极的体会了。”

所以，你一定不要随随便便就拒绝，即使你开始时怀疑，也要试着去接触事物背后的隐藏的东西。请远离那些试图想挽救你的政治团体和人，起码你一分钱也不要掏出来。这些人表面上诅骂金钱，想让你明白钱是可耻的、肮脏的，可他们在自己的背后却追名逐利。你最好把钱投在教育上，因为你肯定会有收获的。

美的心灵

清廉风范永垂史册

——毛泽东清廉作风点滴

中国人民能在新中国成立后短暂的几年中，医治了战争的创伤，复原破碎的家园。中国政治清明、社会风气良好、中国共产党的凝聚力度和向心力度强。这一切，在一定的意义上，要归功于毛泽东以及他的战友们的为政作风清廉。“天大地大不如党的恩情大，爹亲娘亲不如毛主席亲”，是当时全中国人民发出的共同心声，是历史的真实写照。

毛泽东从青少年起就以中华民族的解放和兴盛为己任，作为中国共产党的领袖和知古今历史兴衰的政治家，早在戎马倥偬中就站在战略高度上思考：如何在获取民主革命胜利后代表中国人民管理人口众多、幅源辽阔、贫穷落后的中国，领导人民发展社会生产力，推动社会全面进步。

同时,他很注重党的廉政建设,对腐败现象深恶痛绝,对之毫不留情。

1945年7月上旬,民盟领导人和其他民主人士黄炎培、章伯钧、左舜生、褚辅成、冷遹、傅斯年访问延安并与中共会谈。民盟领导人黄炎培看到延安政治清明,人民安居乐业、意气风发,与国统区的腐败黑暗比较,颇为感慨。1945年7月3日,他同毛泽东谈访问延安的感想说:我生60多年,我亲眼所见,真所谓“其兴也渤焉”“其亡也忽焉”,一部历史,“政怠宦成”的也有,“人亡政息”的也有,“求荣取辱”的也有。一个人、一个团体,乃至一个国家,不少单位没有跳出这个周期率的支配。希望中共诸君找出一条新路,跳出这个周期率的支配。毛泽东满怀信心地回答:“我们已经找到新路,我们能跳出这个周期率。”

为了跳出这个周期率,毛泽东在面临取得全国胜利召开的中共七届二中全会上向全党同志打了预防针和敲了警钟,他指出:“可能有这样一些共产党人,他们是不曾被拿枪的敌人征服过的,他们在这些敌人面前不愧英雄的称号;但是经不起人们用糖衣裹着的炮弹的攻击,他们在糖弹面前要打败仗。”他告诫同志们要“继续地保持谦虚、谨慎、不骄、不躁的作风”“继续地保持艰苦奋斗的作风”。

一个执政党的党风廉洁决定了人民群众的信任度,也是她的凝聚力和向心力的本源。如果这个本源枯竭了,凝聚力和向心力从何谈起呢?毛泽东深深地意识到这一点,他不但要求别人清正廉洁,自己也身体力行,做出表率,成为廉政的楷模。

1950年,毛泽东听说家乡正在为他修建故居和一条通向家乡的公路,他立即下令停止,唯恐在人民中造成不良影响。为了防止高级领导干部的腐化和官僚化,毛泽东带头制订了党内几条具体廉政措施:一不作寿;二不送礼;三不敬酒;四不鼓掌;五不以人名作名;六不要把中国同志和马恩列斯平列。

毛泽东生活简朴,吃、住、穿要求不高,从不搞特殊化。毛泽东对饮食质量的要求与孔夫子所说的“食不厌精,脍下厌细”大相径庭。他是“食不厌粗,菜不厌辣”,只要有湖南口味的家乡饭菜就心满意足了。辣椒、红烧肉是他认为顶好的菜,三年困难时期坚持不吃红烧肉。毛泽东对住的也只要求有个硬木板的床铺，能在床上放书看即可。穿的更为随便，在延安时期，毛泽东经常穿着带补钉的衣服去作大型报告。建国后，他那简朴之风未改，那件毛巾布的睡衣不知穿过多久补钉多少个，真像北方农民中所流传的勤俭持家的口头禅："新三年、旧三年、缝缝补补又三年。"

对亲戚朋友，毛泽东同样要求他们不搞特殊化。建国后，毛泽东的许多亲朋故旧纷纷来信、上访，要求为他们介绍来京，参加工作，求取美差。对于这类事，凡是不合理的，不符合党的原则、政策和纪律的，毛泽东一概拒绝，并对当事人进行教育帮助，绝不徇私情。1949 年 10 月，杨开慧的哥哥杨开智写信给毛泽东，希望毛泽东发话，为他在长沙谋一个"厅长方面的位置"，毛泽东回信予以拒绝，信中说："不要有任何奢望，不要来京。湖南省委派你做什么就做什么工作，一切接正常规矩办事，不要使政府为难。"杨开智听从毛泽东的劝告，听从分配，到适合自己专长的农业部门工作，并且在工作中取得了成就。

1950 年，长年流浪外乡的表兄文远昌（毛泽东的母亲文七妹的侄儿）回长沙，多次来信要求推荐工作，毛泽东在信中答复："运昌兄的工作，不宜由我推荐，宜由他自己在人民中有所表现，取得信任，便有机会参加工作。"文远昌也听从毛泽东，在家乡安心工作，很快便做出了成绩。

对干部子女，毛泽东一直严格要求。他说："我担心我们的干部子女。他们没有生活经验和社会经验，可是架子很大，有很大的优越感。要教育他们不要靠父母，不要靠先烈，要完全靠自己。"毛泽东对长子毛岸英要求非常严格。1946 年，毛岸英从苏联回到延安，与分别 19 个年头的毛泽东相见。毛泽东向他询问了在苏联的学习和工作情况。毛泽东并不满足儿子已经取得的进步，他认为岸英虽然在苏联大学毕业了，但是还没有上过中国革命的大学，缺乏实践，而这一课必须补上。他坚持毛岸英必须到农村，拜农民为师，与农民一起生活和劳动。对于毛岸英的婚事，毛泽东坚决按制度规定办，认为刘思齐不满 18 周岁不能与毛岸英结婚，"谁叫你是毛泽东的儿子"就是父子俩"争吵"这事，毛泽东训斥毛岸英时说的。毛泽东还把毛岸英送到朝鲜战场接受血与火的考验。

1950 年 11 月 25 日，毛岸英壮烈牺牲于志愿军总部。彭德怀回国向毛泽东汇报工作顺便汇报了毛岸英牺牲的经过,并请求毛泽东对他没有保护好岸英进行处分,毛泽东抑制住内心的失去爱子的悲痛说:革命战争,总是要付出代价的嘛!为了国际共产主义事业,反击侵略者,中国人民志愿军的英雄儿女,前赴后继,牺牲了成千上万的优秀战士。岸英就是属于牺牲了的成千上万革命烈士中的一员,一个普通的战士。不要因为是我的儿子,就当成大事。不能因为是我、党的主席的儿子,就不应该为中朝两国人民共同的事业而牺牲,哪有这样的道理呀!1954年底,在处理如何安置毛岸英的尸骨时,毛泽东坚决同意彭德怀的处理意见,把毛岸英的尸骨与其他烈士一起安葬在朝鲜。

毛泽东对其他子女也从严要求,上学不用公车,在校吃大食堂,工作不给特殊照顾。

毛泽东的为政清廉作风是中国共产党人全心全意为人民服务的具体表现,是全党和全国人民的学习榜样,他的风范永久地留在人民的心间,永垂史册。

王老师的特殊家庭

他没有成家,却有30多个孩子;他没有了亲人,却有200多人为他祝寿。他,就是将"希望工程"引入家庭的江西省南丰县第一中学教师王建英。

从80年代初开始,王建英老师每年都要接几名农村贫困学生到自己家里吃住,与学生组成了一个"特殊家庭",从生活上给予无偿的援助,从学业和精神上给予严父慈母般的关心。十几年来,从这个"特殊家庭"进出的35名贫困生,先后考取了大中专院校。

王建英今年60岁,从教40年。多年来,他一直担任南丰一中高三年级的年级主任兼物理教师。繁重的教学工作和日常买菜、做饭、洗衣等家务活,虽使一直没有成家的王建英忙得不可开交,可当他看到学校有些农村学生由于家庭生活困难难以完成学业时,就主动将他们接到自己家里免费吃住。时间长的三年,短的一个学期。从80年代初开始，他每学期都要接纳2至3名学生进他这个特殊的家庭。碰上学生生病，王建英老师更是义不容辞地担当起家长的重任。有一次，在他家居住的学生卢少青突然生了重病，王建英把他送进医院，并在病房护理了整整两个夜晚，直到病情好转。

“农民培养一个孩子上高中不容易，当老师的能帮一把是一把。”王建英是这么说的也是这么做的。家住桥背乡的学生江福根、江福文两兄弟，父亲去世早，母亲好不容易把他们抚养大。前些年，一声罕见的冻害又把生活收入的唯一来源桔树冻死了，兄弟俩面临辍学的危险。王建英见状，先是接哥哥到家免费吃住，后来福根考上哈尔滨船舶工程学院，随后又将弟弟福文接进了家。去年，福文患肝炎，也是王建英出钱将他的病治好。现在就读于西安公路交通大学的罗鸣，三兄弟都曾是这个“特殊家庭”的成员。罗鸣考上大学后，继续得到王建英的资助。就在记者采访他的前天，王建英还给他寄去了2000元钱，鼓励他完成学业。

许多小事，王建英早已淡忘，但在他家吃住过的学生却记忆犹新。现工作于江西高科技医疗中心的南丰一中85届学生赵令武，在毕业十年后的同学聚会上饱含深情地讲了这样一件事：有一次，他起床晚了，来不及吃饭就去上课，上完第一节课，他肚子已是饿得“咕咕”叫，可没想到，就在这个时候，王建英特意从大街上买来热气腾腾的馒头给他送去。赵令武接过馒头，流下了热泪。

老师爱学生，学生爱老师。对于这样的好老师，学生们没有忘记他。现在邮电部设计院工作的熊国新从法国出差回来，把带回来的法国人头马酒，不是送给自己的父母，而是送给了最尊敬的王老师。今年正月初四，对王建英来说是个难忘的日子。这一天，来自北京、广州、成都、西安、南昌等地的200多位他曾教过的或在他家住过的学生，自发地冒着大雪赶到南丰为他过60岁的生日。在生日宴会上，同学们的献词、献歌、祝酒等一系列活动，把学生对老师的感激之情推向了一个又一个高潮。当时在场的南丰一中江建廷老师十分激动地说：“能够像王老师那样，一辈子没有白活。”

对于这样的好老师,党和人民也没有忘记他。1993年,王建英被评为江西省优秀教师;1996年被评为全国教育系统劳动模范。今年3月,王建英又作为全县有突出贡献的人物受到表彰。最近,南丰县教育局专门下文,号召全县广大教职员工向王建英老师学习。

心,永不失明

去年5月28日,在哈尔滨铁路分局劳模大会上,人们搀扶着披红戴花的韩志刚走上主席台。他又一次从分局长胡奇川手里接过先进工作者标兵证书。与先前获得分局"十佳"优秀教师、哈尔滨铁路局优秀共产党员称号一样,荣誉是对这位盲人教师11年痴心不改眷恋讲台的褒奖。

1985年初,哈尔滨铁路局玉泉铁路第一小学发生一件令全校师生焦虑的事:教师韩志刚双目突然失明。

在省城一家医院,医生诊断结果为:双眼白内障、视网膜色素变性、视神经功能减退、玻璃体混浊,右眼失明,左眼仅有0.03的视力。从医学角度说,他已经成为三级盲人。

情况很快反馈到分局,又反馈到铁路局,得到的答复是:安排韩志刚病退或者休假。

几天后的一个晚上,学校领导来到了韩志刚的家。他们告诉老韩,如果办理退休,按现行政策,可以享受110%的退休金。话刚一出口,韩志刚就腾地一下站起来,大声说:"不,我不能退下来。眼睛失明了。我的心没有失明。这里缺教师,我还能教书,决不退下来……"

在场的所有人一时惊得目瞪口呆。他们看得出来,让老韩离开讲台,无异于在用尖刀扎他的心。

校领导拗不过他,只好答应了。但是附加条件是:试教一个学期,根据效果决定去留。

此时此刻,韩志刚的眼角里无声地流出了泪水……

玉泉铁路第一小学,座落在滨(哈尔滨)绥(绥芬河)铁路沿线的玉泉镇。该校仅有教师15人,师资力量薄弱全局出名。

早在70年代末，韩志刚便迈入这所小学的门槛。现在，手指盖大小的字，凑到鼻子尖前才勉强看清。但是，他知道，事实上缺乏教师的学校还需要他，学生们还需要他，他还能为这偏远地区教育事业的发展尽一点儿力量。

他在用心为自己导航。

第二天，他精神抖擞地出现在课堂里。那时起，他就进入了一个盲人教师特有的职业境界；用心备课，用心教书，用心启迪和教育学生……

按照学校安排，他负责一至六年级自然常识和六年级的历史课教学。每周要用7本教科书讲13堂课。

为了上好每一堂课，他把过去的教学体会反复地加工、过滤，用仅有的一点点视力，把教学笔记本凑到鼻子尖儿前，编写教案，看不清黑板，他就用手摸着黑板接缝，写出工整的楷书。

自然常识课涉及到天文、地理、植物、动物学，既抽象，又难学。况且，学生是否听讲，他看不清。他就从培养小学生兴趣入手，把课堂需要讲授的知识，融汇在一些颇为有趣的故事里。

直观教学是所有教师努力的方向。可是，由于学校教学条件的落后，实验仪器和教具短缺。他就利用业余时间，采集标本，想方设法研制一些教具。如今，在学校的实验室里，他采集、加工和制作的动植物、矿石标本、教具有300多件，设计绘制的投影片有130多张。

“日食和月食成因”一课一向令学生费解、教师头疼。他利用两张硬纸板、两张幻灯胶片，制作出投影片，放在投影机上，转动胶片，学生们就较为详细地领会了偏食、全食、食既、全光等日食和月食变化过程。这套投影片先后被分局、路局和省教育学会评为优秀教具。

有时他还把课堂延伸到大自然中去。春天，他领着学生们到山坡上看植物复苏；夏天，到花园看花朵授粉；秋天，到田间看果实成熟；冬天，到户外看雪花构造……

我们在采访中遇到许多学生。提及韩志刚，他们小脸便像绽开的花朵，回答几乎是一样的：“韩老师讲课，我们听着有趣，记得牢固……。”可是，他们并不知道，为此，韩老师付出了常人几倍的心血。

为了保证教学质量，学生交上来的作业本，他都拿回家里批改。在家里，大女儿冰冰、二女儿冰雪都是他的“教师助理”。在女儿和老伴儿的帮助下，他奇迹般地撰写了10余篇论文，并先后在省、路局论文选评中获奖；三分局举办的小学自然常识课基本功比赛中，他与三四十名同行在同等条件下参加考试，名列全分局第一名。

其实，熟悉韩志刚的人都深有感触，他把整个身心都给了自己的事业。

超常的努力，不仅很快就使“试用期”解除，而且使他成为远近闻名的人物。1987年，韩志刚光荣地加入了中国共产党。

光荣不仅属于他个人，用玉泉铁路小学校长刘艳君的话说：“盲人教师韩志刚像一面镜子，影响着身边的所有人。”教师们把他作为榜样，认真地钻研业务，改进教学，使这所默默无闻的小学，逐渐成为全局普教系统的排头兵。

上将与下士

乔治·华盛顿是美利坚合众国的第一任总统。就是他领导美国人民为了自由为了独立浴血奋战，赶走了统治者。

乔治·华盛顿是个伟人，但非后来人所想象的，他专做伟大的事，把不伟大的事都留给不伟大的人去做。实际上，他若在你面前，你会觉得他普通得就和你一样，一样的诚实、一样的热情、一样的与人为善。

有一天，他身穿没膝的大衣，独自一人走出营房。他所遇到的士兵，没一个认出他。在一处，他看到一个下士领着手下的士兵筑街垒。

“加把劲！”那个下士对抬着巨大水泥块的士兵们喊道：“一、二，加把劲！”但是，那下士自己的双手连石块都不碰一下。因为石块很重，士兵们一直没能把它放在位置上。下士又喊：“一、二，加把劲！”但是士兵们还是不能把石块放到位置上。他们力气几乎用尽，石块就要滚落下来。

这时，华盛顿已经疾步跑到跟前，用他强劲的臂膀，顶住石块。这一援助很及时，石块终于放到了位置上。士兵们转过身，拥抱华盛顿，表示感谢。

“你为什么光喊加把劲而让自己的手放在衣袋里呢?”华盛顿问那下士。

“你问我?难道你看不出我是这里的下士吗?”

“哦,这倒是真的!”华盛顿说着,解开大衣纽扣,向这位鼻孔朝天,背着双手的下士露出他的军服。“按衣服看,我就是上将。不过,下次再抬重东西时,你就叫上我!”

你可以想象,那位下士看到站在自己面前的是华盛顿本人,是多么羞愧,但至此他也才真正懂得:伟大的人之所以伟大,就在于他决不做逼人尊重自己的人所做出的那种倒人胃口的蠢事。

现代礼仪美

教师必备知识丛书

礼仪——文明的尺度

“礼”是表示敬意的通称，是人们在长期的生活实践中形成的行为规范。为表示敬意而隆重举行的仪式叫作礼仪。而礼仪的节度，叫作礼节，即人们在日常生活中相互问候、致意、祝愿、慰问以及给予必要的协助与照料的惯用形式。礼貌就是人与人之间在接触交往中，相互表示敬重和友好的行为准则。礼节是礼貌的具体表现。它是人的心灵的外衣，在一定程度上反映出一个国家民族的文化传统和社会风尚。

我国是一个历史悠久的文明古国，素称“礼仪之邦”，我国历代都非常重视礼。周公旦规定了极其详细的礼仪制度，《周礼》就是一部集礼节、礼仪之大成的经典。孔子和弟子编写了《礼记》，提出许多礼的规范。历史上许多文人、学者、思想家、政治家崇尚礼治。尽管，历代统治者往往用礼来维护和巩固统治阶级内部等级关系和加强对人民的专政，使礼带有阶级性。但是，礼还有许多共性，它表现了民族共同的历史文化传统，它反映了人们追求真善美的愿望，是人类文明不可忽视的一个重要组成部分。在社会生活中，人们往往把讲究礼节礼貌作为一个国家和民族文明程度的重要标志，作为衡量人们道德水准高低和有无教养的尺度。在社会主义制度下，讲究礼节，礼貌是建设社会主义精神文明的一个重要内容，也是我国人民风貌的表现。

礼仪的概念及具体内容

原广电部副部长同向荣这样解释礼仪的概念及具体内容：从我们古人创造的文字去看，礼的本意是指敬神，引伸为尊敬；仪，容也，引伸为形式。把人内心对自己、他人、工作、事业、社会、自然、民族、国家的尊敬之情通过美好的仪容、仪式表达出来，就是礼仪，所以有个人礼仪、家庭礼仪、社会交往礼仪等。礼仪也可以用真善美来解释：真，符合客观规律的认识；善，道德规范的体现；美，即表现真善的最佳形式。具体地讲，可以从3个层次来理解礼仪：首先，礼仪是一种修养，是道德的外在表现形式，它体现了一个人的内涵，它帮助每个人修身养性，完善自我；其次，礼仪是社会确定的人们共同遵守的行为规范，它帮助人们约束自我，尊重他人，互相理解，互相合作，自觉地认识和处理个人与他人以及社会的关系，自然地表现出良好的社会公德和职业道德，从而创造出和谐温暖的人际关系和社会环境；第三，礼仪是社会的一种润滑剂，它帮助人们艺术地处理各种复杂的关系，减少冲突，避免磨擦，从而提高工作效率和工作质量，促进社会的稳定和经济的发展。

互相尊重　礼貌待人

每个公民都是国家的主人，在政治上、人格上是平等的。因此，应该相互尊重。要做到互相尊重，首先要尊重他人，即尊重他人的人格、愿望、感情和爱好，尊重他人劳动成果等。只有尊重他人人格，才能相敬如宾；

只有尊重他人的愿望、感情、爱好，才能不强加于人，不强求于人，从而建立融洽、团结的关系。孟子说过：“爱人者，人恒爱之；敬人者，人恒敬之。”俗话说：“你敬人一尺，人敬你一丈。”社会生活表明，只有自己尊敬别人，别人才会尊敬自己，若只要求别人尊重自己，而自己却不尊重别人，互相尊重也就无从谈起。

讲礼貌，是文明行为的重要要求。礼貌，是指一个人在言谈举止上表现出来的谦虚和恭敬。文明礼貌，是属于上层建筑范畴的一种具体表现形式，是在一定的经济关系上建立起来的。随着生产力水平的提高和人类社会的进步，人们越来越摆脱愚昧无知的落后状况，逐步建立了互相尊重、团结友爱、礼让谦恭的文明风尚。

具体地说，人们的礼貌行为主要表现在言语上和行动上。如平等待人，诚恳坦白；人们见面时要互相问候，和蔼可亲；有求他人，说话要加“请”字；别人给自己提供了方便和帮助要表示感谢；给别人增添了麻烦或无意中做了损害他人的事，要赔礼道歉；不骂人打人，不说粗言秽语；不妨碍他人学习、工作、休息；尊敬师长，爱护幼小。在处理上下级关系时，下级对上级要持之以礼，上级对下级要热情接待，态度和好，虚心听取意见。这样，同志之间，亲属之间，上下级之间做到彼此尊重，互助友爱，谈吐有礼，就可以在和睦安定的环境中发挥更大的积极性和创造性，社会主义事业的成功就更有保证。

中国各民族作客的礼仪与禁忌

中国是个多民族国家，各民族有着各自的风俗、习惯、观念和信仰，造成在人际交往上也存在着多种多样的礼仪与禁忌。

汉族人习惯于白天专程去人家作客，黄昏以后或是顺便的登门显得对主人不够敬重。生活在牧区的哈萨克族、蒙古族、塔吉克族等民族往来多骑马，适当的做法应该是慢步绕到毡房后面下马，再步行至门前。西南的的彝族、傣族、佤族等民族多聚寨而居，来访者必须下马进寨，禁忌骑马入寨，否则会被拒之寨门以外，成为不受欢迎的人。

进入人家屋里前，汉族的习俗是必须敲门，室内有人应声再进入。傣族客人进屋时必须重步行走，脚步太轻会被认为是贼。蒙古族客人进入他人住所时，不得手持马鞭、弓箭，因为只有寻衅者才如此。

走进主人家门后，客人要主动向主人打招呼，瑶族的习俗是客人应先向主妇打招呼。汉族忌讳客人东张西望，不经主人允许随便串屋、翻动东西也是不礼貌的。到满族人家作客，禁忌坐到人家的西炕上，西炕是供祖的地方。到佤族人家作客，必须先弄清哪里是妇女的座位，误坐妇女的木墩是犯忌讳的。土家族则忌讳客人与少妇坐在一起，但可以与姑娘坐在一条长凳上。在维吾尔族、哈萨克族人家作客，应跪坐或盘腿而坐，禁忌双腿伸直，脚底朝人，尤忌将鞋子脱掉，否则会触怒主人，认为太放肆。

告辞出门时，客人应有礼貌地向主人道别。汉族的风俗是同各位主人一一道别。蒙古族、哈萨克族等民族特别好客，客人应再三告辞等到主人不再挽留后再离开。

总之，到别人家中作客，应处处尊重主人的风俗习惯，否则，便要犯忌讳，伤感情。

礼尚真善美

中华乃礼仪之邦，自古重礼，礼尚往来，千年不辍。当今时代讲礼仪，窃以为应该礼尚文明，礼尚真善美，讲究内容与形式的统一。

随着物质文明的进步，人们的行为规范、礼仪活动更显得重要。但却有一群物质上丰富了的人们，精神方面十分贫乏，有的恣肆放浪，以骂人粗话、粗野动作为荣；有的与人交往目空一切傲慢独尊，有的根本没有良好举止言语概念。不但个人形象不佳,于事业更有祸害。有一企业家与外商谈判,即将签字之时,大叫:"老子没有干不成的事!"令外商嘿然而退。有一厂长带外商参观自己工厂时,向地上啐浓痰一口,而且豁然响亮,使得外商取消了项目。礼仪之事,关联个人、事业、家国,不可不慎,不可无礼。

讲礼仪应忌铺张浪费。南方某项目剪彩奠基,除雇百名礼仪小姐外,还令两所中学的学生停课作仪仗队,给剪彩要人每人一把纯金剪子为纪念。此类礼仪,劳民伤财。

现代社会中,礼仪是文明的重要部分,礼仪应是良好形式与充实内容的统一,做到表里如一,不搞花架子与形式主义。我曾见一些单位部门,搞礼仪是搞表面与赶时髦。北京某大商场门前的导购小姐,春风满面、绶带灿然,引你进商场之后,指点几样还算认真,当你几次表示不买之后,小姐则嗔怒变色,你若与之争辩,她则杏眼圆睁说:"我们是导购小姐,是请你买东西的,不是导游小姐,请你走马观花的。"自此之后,见到一些商业单位的导购小姐,便不敢正视,如真买东西,只好悄然溜边。

礼仪之广,无所不包,礼仪面貌,也会因社会的发展而变换。但我认为不变的应是,礼尚往来,礼尚文明,礼尚简洁,讲求形式与内容的统一。

人际交谈的基本礼仪

1. 首先应该开门见山地说明来意或交谈的目的,或是寒暄几句就较快地进入正题。不要闲扯了很久还是言不及义,使人家不知道这次谈话的目的是什么。尤其是对工作、学习较忙的人来说,时间十分宝贵,过多的闲扯会使人厌烦,并且怀疑到你的闲谈是否有诚意。

2. 要善于用坦率的态度来表露自己的观点。对一件事,要么不讲,要么就要讲清楚。开诚布公是最好的。千万不要藏头露尾,欲说又休,致使对方产生猜疑。

3. 要多让对方讲话,自己多听。如果自己有许多内容要讲时,不要滔滔不绝。而要让对方有插话或问话的机会。即不仅要重视"输出",还要重视"反馈"。

4. 对方讲话时,要专心致志地听。眼睛要注意对方。千万不要流露出不耐烦的样子,如眼看别处,东张西望。或似听非听,心不在焉,或答非所问,文不对题,或是做其他事情等,都是不礼貌的。

5. 在谈话中不要炫耀自己,尽量少讲我如何如何。炫耀的目的不外乎想使对方羡慕自己,从而产生良好印象。但实际效果往往相反。

6. 在讨论问题时如果有不同的意见,要尽可能地保持协商的口吻,并留有余地。如果在某个问题上实在谈下下去了,就可以说:"这个问题暂时放一放,大家都考虑一下,以后再谈好吗?"切忌运用绝对化的语言或最后通牒式的语言,如"你是不对的""你必须怎样""你再如此我就……"等等。

7. 谈话时要观颜察色。如果对方已露出倦意,例如打呵欠,眼睛朝其它地方张望,看书看表等,就要尽快地结束谈话,不要将谈话无休止地拖延下去。同时,自己尽可能地不要流露出这些表情来,以免使对方造成误解。

8. 有时自己想结束谈话了,而对方谈兴正浓。这时不要无礼地打断对方的话,而可抓住对方说话停顿的空隙,立即接过话茬,表示这个问题以后还可慢慢谈,然后起身告辞。总之,要自然地结束谈话,而不要勉强。

微笑是女性交际的王牌

女性的微笑,是最好的介绍信,是袒露心地善良的佳作。它传递的是热情,捎带的是温馨。

女性的微笑,能把对方吸引到自己的圈子里,是交际的传导体。

对素不相识的人微笑,表示你的随和;对冒犯你的人微笑,表示你的宽容;对钟情你的人微笑,表示你的倾心;对追逐你的人微笑,表示你的谅解。

当异性频频传来赞美之声时,女性以微笑置之,既表现谦逊的风度,又使自己蕴含深邃的内涵,更富有魅力。

当进退两难的尴尬场面出现时,女性让微笑去冲淡这紧张的气氛,取得周旋的余地,把握住交际的主动权。

当一种态势逼得你出场时,善意的微笑便是女性吸引人的“魔方”,也是松弛神经,积极思维,征服对方的最佳“缓冲”方案,甚至有时微笑也就代替了语言。

记住:恰到好处的微笑是女性交际的第一张王牌。

女性社交场合十戒

1. 切忌耳语:在众人之前与同伴耳语是不礼貌的事。通常耳语是不信任第三者的防范措施,若是在公共场所耳语,不但容易招惹他人注目,而且容易使人感到你没有教养。

2. 切忌多谈：当陌生男子与你交谈，简短的回答几句便可，千万不要滔滔不绝地交谈下去，甚至试探他的身世，这样会令人觉得你像长舌妇一般。

3. 切忌失声大笑：不管发生了什么大不了的趣事，只要面带一丝笑意就可以了，失声大笑的话，你就会贻笑大方。

4. 切忌坐立不安：就算有多大的事情未办妥，但在时刻未到。或者还没离席之前，千万不可忸怩做作。

5. 切忌煞风景：在社交场合，即使内心有一些感到悲恸的事，但在表面上也该装出笑容可掬似的周旋当时的环境。

6. 切忌当众补妆：当你脸上的脂粉需要补妆时，不要在大庭广众打开你的粉盒来涂抹，免得使他人以为你脸上有什么缺陷，可到洗手间化妆。

7. 要在大众不十分注意你，或气氛并不紧张的时候，才到洗手间去，最好找一个女性同去，免得一人独行回席，遭人投以困惑的眼光。但在离席时，一定要向同席的宾主致意。

8. 当一个男人和你谈话时，你不可做出屈就于他的姿势，保持正直的姿态，否则别人误会你跟他有很深的交往，对你名誉会有影响。

9. 当某一个人值得你注意时，切不可一刻不放松地注视他，使他有异样的感觉，甚至招致无谓的麻烦。

10. 若发觉旁人正在注意你，切忌流露出拘谨不安的样子，态度须格外镇静从容，遇见一个从前和你曾有一面之缘的男子，也不必大声招呼，热情过度，以免引人侧目。

别具一格的美

仪表体态是一个人的文化修养和内在气质的外在和整体的体现。我们的言谈举止要吸引人们的注意和兴趣，那就不能忽视仪表体态的作用，因为仪表体态随时随地都在默默而语，传递信息，尤其是当众讲话的时候，那更是一种无声的宣言。比如，英国前首相撒切尔夫人，她作为出身微贱的女性之所以在政坛上引人注目，获得成功，当然是由她的素质、修养和才能所决定的，但和她很注意自己的仪表体态，表现出一种果敢有力的风度也是分不开的。她初次在议会演讲，有意识地穿了一身深褐色的织锦长外套，配有黑絮绒的领子和金属的扣子，再加上身姿挺拔，神采奕奕，显示出一种镇静、果断、坚强、干练的精神力量。所有这些都使保守党议员们对这位仅有32岁的妇女刮目相看，使他们感受到巨大的鼓舞，发出了一致的欢呼。有人评论道："尽管撒切尔夫人是个年轻的女性，但保守党却需要更多的像她这样有魄力的'男子汉'！"仪表体态能够传达出颇有价值的信息，我们要做到表达方式巧妙，不仅要尽量发挥语言的"蒙太奇"的作用，而且要让自己的仪表、表情、手势，身体的姿态与动作等等一切都能恰如其分、巧妙自然地"说话"

马克思和燕妮本是亲密的朋友，但好友不等于相爱的关系，所以马克思还要向燕妮求爱。尽管他们之间的感情已经不需要任何掩饰和试探了，但马克思在表达方式上还是别出心裁，饶有情趣。这天，他约燕妮一同在树林里散步，他故意装作满腹心事、满脸愁云的样子，使燕妮感到奇怪。

燕妮问他："你怎么了？有什么心事吗？"

马克思说："我交了一个女朋友，很想和她结婚，可是不知她同意不同意……"

"你有女朋友了？"燕妮大吃一惊，心里不是滋味。

"是的，认识很久了，我这里有她一张照片，你想看看吗？"

燕妮忐忑不安地打开小匣了，但里面没有照片，只有一面小镜子，镜子映出了燕妮的面容，她恍然大悟，惊喜万分，一下子扑到马克思的怀里。

曲径通幽处，禅房花木深，讲求表达方式巧妙，我们的口才，演讲与交际，才能别具一格，引人入胜。

日常交往的礼节

在交往过程中，礼节是至关重要的。对于处于社会关系之中的一般人也是如此。在日常交往中通常要注意下列几点：

1. 遵守时间，不得失约

准时是赴约的最高礼节。参加各种活动应按约定时间到达，因故迟到，要向主人和其他客人表示歉意。万一不能赴约，要提早告诉主人，并以适当方式表示歉意。失约是很不礼貌的行为。

2. 尊重老人和妇女

尊老这是一种美德。妇女在西方历来地位很高，国外流行一句俗语"Ladies first"即"女士优先"。我国过去是"男尊女卑"，现在提倡"男女平等"。在交际场合，尊重妇女是应有的雅量。

3. 尊重风俗习惯

俗语说"入境随俗"。各地区，各民族，各国家由于历史社会条件的不同，形成各自独特的风俗习惯和礼节礼貌，应予尊重。公共关系人员要熟悉各地风情，否则就会闹出笑话，甚至造成交往的障碍。

4. 遵守社会公德和职业道德

尽管各种社会、各个国家、各个阶级都有其道德规范，但客观上存在着没有阶级性的社会公德。公共关系人员遵守公德是其修养、素质的表现。此外，公共关系人员本身有其职业道德。如国际公共关系协会就制定了《国际公共关系协会行为准则》。各国的公关协会也各自制定了公共关系职业规则，这些都是公关人员所必须遵守的。

以上是社交中的一般性的礼节规范。在不同的社交场合和环节也还有特殊的礼节要求：

待 客

俗语说“主雅客来勤”。以礼待客是为人处世的一种高尚风格。公关人员要热情、周到、礼貌待客，为组织赢得朋友。否则就可能得罪来宾，失去朋友。在交往中要做到“不失足于人，不失色于人，不失口于人”，必须注意以下几点：

1. 接到客人来访的消息后，应作些必要的物质准备和精神准备。特别是要对客人的情况或所代表的单位情况了解清楚，如是工作访问，对所涉及工作的有关问题应作准备。

2. 如果是长者或贵客，应由公关人员陪同职位相当的人去迎接。私人家庭访问，则应全家出来迎接。客人随身带来的东西，应接过来，放在适当位置，如是礼物，应表示感谢。

3. 客人进屋后，应送毛巾洗面，送茶一杯以示尊敬和欢迎。

4. 如果客人突然来访，要放下手边的事情去接待客人。如果客人来时，你正在看电视，可邀请客人同看，或者关掉电视机，千万不能边接待客人边看电视或边做其他事情。如果客人来访时，你遇上不愉快的事，则要善于克制，不要当着客人面前流露出不快的神情，更不能迁怒于客人。

5. 与客人交谈，不可当面看表或打哈欠，这样，通常被认为是下逐客令。如果确有急事要办，不妨向客人说明，以取得谅解。

6. 客人来访正遇吃饭的时间，一定要留客人用饭，千万不可让客人饿着走。这样，不仅是对客人不尊重，也是自我污辱。

7. 客人告别时，一般应婉言相留，客人一定要走，应等客人起身后，主人再起身。主人一般应送到门口，要等客人身影消失后再转身返回或关门。

如果客人是长辈应扶送一程。为远道而来的客人送行更应热心、周到，一般要陪送到车站、机场。待客人启程，挥手告别后再离开。

访 问

1. 拜访前要事先约定时间,以防扑空或扰乱主人的计划,时间约定之后,就要准时到访。临时走访,要尽量避免在吃饭和午睡时间,要是感到访问时间不适宜,应赶快告辞。

2. 到达主人家,要先按电铃或轻轻敲门,即使大门敞开,也不可贸然闯进,待主人同意后方可进入。如是家人出来开门,要自报身份、姓名和访问对象及其关系。待家人引进门后,要随手关门。

3. 进门后,要将帽子、大衣、雨具放在门边或挂到衣架上。如在下雪或雨天访问,进大门之前,要先抖去雨具的水。

4. 进入里屋不可随便马上就坐下,须等主人安排后再坐下。如先有客人在讲话要稍等。后来客人到达时,先到的男客人应该起立,等待介绍,女客人则不必。

5. 作客时要彬彬有礼,坐时要注意姿势,不要晃腿,不要翘起二郎腿,坐在沙发上不能东倒西歪,更不要把头枕在沙发背上。

6. 在主人家中不可东张西望,未经主人同意不能参观住房和庭院,不能乱翻动主人的东西。

7. 访问的时间不宜太长,当主人流露倦色就应主动告辞。临别时要向主人及其亲属,在座客人握手或点头致意。主人相送要说"请回""留步"不可大步径自而去。

交 谈

1. 交谈时态度要诚恳、亲切,要开诚布公,不要藏头露尾,欲言又止。语言表达要得体,词句要优美,发音要准确,语汇要丰富。千万不能信口开河,语不及义,满口粗话,恶语伤人。姿势要端正,不要手舞足蹈,唾沫四溅,更不能用手指人,音量要适度,不要大声喊叫。

2. 交谈的距离要适当,0 ~ 45 厘米为亲密距离;45 ~ 120 厘米为熟人距离;120～300 厘米为社交距离;360～800 厘米为公众距离。

3. 参加别人谈话要先打招呼。别人在个别谈话时不要凑前旁听。谈话现场超过三人时应不时与在场所有的人攀谈几句,不要对个别人只谈两个人知道的事,而冷落第三者。

4. 在交际场合,自己谈话不要发连珠炮,要给别人发表意见的机会。要善于聆听对方谈话,不要轻易打断对方发言,不做其它动作。

5. 谈话中如遇有急事需要处理或离开时应向对方打招呼,表示歉意。

6. 谈话内容一般不要涉及疾病、死亡等不愉快的事。谈话中发现接触到对方反感的问题应表歉意,并立即转移话题。对方不愿回答的问题,不要追问。

7. 与妇女谈话时,一般不要询问妇女的年龄,婚否,衣饰价格和其他私人生活的问题,不说长得胖、身体壮、保养好之类的话。

8. 在谈话中,一般不要批评长辈或身份高的人。

9. 谈话中要使用礼貌语言,要注意语言的亲密度。

10. 在社交场会谈话,不能恶语伤人,出言不逊。即使争吵,也不要斥责,更不能讥讽辱骂,最后还要握手而别。

送　礼

赠送纪念品和其它礼物是社交活动的形式之一,也是向对方表示心意的物质体现。俗语说"千里送鹅毛,礼轻情意重"。搞公共关系也有送礼,但公关礼物一般是价廉物美,带有纪念性的,送礼多是在大的节日或有纪念性的日子。

礼物要有针对性。喜礼,如结婚、乔迁、生辰等礼物要显示出热烈祝贺的气味,最好要有永久性纪念的礼品,切忌送被认为不吉利的东西,如钟等(送终的谐音)。礼品必须在喜日之前送到。开张答谢性的礼物也应简单而有气魄,如锦旗、贺匾等。问候性礼物,一般送些食品、小孩玩具、家乡土特产、鲜花、艺术品等。鼓励性礼品如受奖、表彰、升学纪念之类,一般赠送既有实用价值又有纪念意义的文化用品。

行 止

1. 走路的礼节

走路要遵守交通规则；超越上司、长辈走是不允许的，万不得已要超越时，须寒喧道歉；在狭窄通路、走廊与长辈、妇女相遇，要马上站住让路；和长辈、上司同行时，原则上应在他们的左边或后面走；如和妇女同行，男性必须迁就女性的脚步；出入走廊道时，要先整好衣服，不能边穿衣边扣扣子，女性不能边梳头边化妆走出来；进电梯应由下辈，主人先进，出来时，应让上辈和来客先出，但要注意，不能发生上辈和来客进不去的情况。电梯进门左侧是上席。

2. 坐车的礼节

乘坐小汽车的次序和座次是比较讲究的。如是四个座位的小车，一般司机后面靠窗的位置为上座，后排另一边靠窗的为第二位，后排中间的是第三位，司机旁边的是第四位，一般由秘书、向导、警卫人员坐。上车时打开右边车门，请客人或长辈上车，主人上车，下辈从左侧门的顺序是一、三、二、四。下车顺序则相反，最低位者先下车，开车门等待其他人下车。如是主人驾车，客人应坐在司机旁边的位置上以表示对主人的尊重。和女性一起坐车时，应不问职务地位高低，先让女性上车，男性坐其左边。坐吉普车，次序和座位与轿车不同。身份低的一定要先上车，坐在座位的最里面，而身份高的则坐在司机座旁边。乘坐别人的车时，应在对方邀请之后才上车。

3. 坐飞机和其他车辆的位置

坐飞机或火车，靠窗边的位置是上席，向着车辆前进的方向更好。如在火车上，四人对坐的位置，前进方向靠窗口的为第一位，对面为第二位，第一位旁边为第三位，对面为第四位；六人对坐的位置，前进方向的中间位为第五位，对面为第六位。

4. 房间内的席次

最接近门口的座位是下座。离门最远的为上座。有时用椅子的类型来定位。没有靠背的为最下座,有靠背的介中,有靠背有扶手的为上座。

5.舞会的礼节

舞会是人类增进交往和友谊的社交活动。是开展公关活动的一种形式。公关部门和人员应充分利用舞会来广交朋友,融洽关系。

舞会是高雅文明的社交场所,参加舞会者必须讲究礼节。

参加舞会,衣着穿戴要整齐、美观、大方、清洁。不能褴褛不堪,袒胸露怀。容貌要修饰,头发、胡子都要修饰好。要做到:男子给人一种稳健、充满生气的印象,切忌粗俗邋遢;女子应显得端庄高雅,热情活泼,切忌轻浮妖艳。

舞会上,走路应步履轻盈,不能横穿舞池,更不能跑步而过。坐时姿势应自然端正,身体不要抖动,双腿不宜叉开太大,也不能翘起“二郎腿”跟着音乐节奏“哆嗦”。

跳舞时,要注意舞姿。男子的右手应放在女子腰部正中,不能超过女子腰的中部,男子要照顾到舞伴,舞步不能迈得过大,也不要把舞伴的手抓得太紧。要掌握好两人之间的距离,不能把舞伴的身体拉得过近,更不能紧盯着女方的脸。

跳舞时,应注意文明礼貌语言。如果男子想和某女士跳舞而又不认识,最好先请别人介绍,然后趋前鞠躬致意,轻声他说“请您跳舞,可以吗?”如果她愿意,就会站起身来。这时,男子应礼貌地陪伴她进入舞池共舞。一曲终了,男子应向女子致谢,并把她送回原来座位。如果下一曲不准备和她一起跳舞,就可以向她告辞。等女子坐下来,方可离开。女子如不愿意和某男子共舞,就应婉言谢绝。一般说来,女子无故拒绝男子的邀请是不礼貌的。已辞谢某男子的邀请后,一曲未终,不要再同别的男子共舞。如果有人把一位女子介绍给一位男子,那么,这位男子就必须请她跳一次舞。

一般情况下,不要同性起舞,应由男子主动邀请女子为舞伴。女子若有男舞伴在场,邀请者应先征得女方男舞伴的同意。如邀请女舞伴同赴舞会,不应让女舞伴独坐,而自己邀别人起舞,男子应避免全场只同一位女子跳舞。男子如果仅仅和妻子跳舞也是不礼貌的。由于人多拥挤,你妨碍了别人,或不小心相碰撞,或踩了别人的脚,要给对方致歉。在跳舞时,戴帽,吸烟是不允许的。

家庭舞会,第一场舞由主人夫妇、主宾夫妇共舞,如夫人不跳,也可以由已成年的女儿代替。第二场舞,由男主人与主宾夫人,女主人与男主宾共舞。

在舞会上,男主人应陪无舞伴的女宾跳舞,或为她们介绍舞伴,并须尽量照顾其他客人。男子邀请舞伴的顺序,一般是先请女主人,其次是女贵宾,再次是女主人家庭的女亲属。第一和最后一次舞必须和自己的舞伴跳。

握手有学问吗

一般说来,握手可以传达三种基本态度:支配性、顺从性、平等性。

握手时,如果你的掌心向下,那么,你就会立即传递给对方一种支配性的态度,使对方感到:"你这个人想支配我,我最好谨慎一点。"有些地位高,权力大以及一些处于上层社会的人,一般使用这种掌势同人握手,而下级对上级、晚辈对长辈、推销员对买主则避免这种掌势。

如果你掌心朝上同他们握手,就能传达给对方一种顺从性的态度,使对方感到:"我可以支配这个人,他会听我的话。"有些人在某些场合,愿意从属对方,并乐意对方支配,以示自己的谦虚和毕恭毕敬。在某种情况下采取这种握手的方式,往往会给人好感,使人愿意与你接近。

如果两个人都想处于支配地位,并都想使对方的手处于顺从状态,那么,一场象征性的竞争就会出现。其结果,两个人的手掌就会处于垂直状态。研究表明,同事、朋友、社会地位相等的人之间,往往会出现这种平等性的握手。

握手是一种公认的见面礼节,但是,在有些情况下,不懂得握手的规矩很可能闹出笑话，或使主动伸手人自己处于尴尬困境。

一次，一个老师到学生家去作客，到她家后，学生将老师介绍给她的父亲。听说客人是自己女儿的老师，因此，他站起来，走向前并连声说欢迎。与此同时，他向客人伸出手，客人也迅速伸出右手。刚要与他相握，不料，他的手却指向旁边的一个座位，示意客人坐下。客人顿时羞得面红耳赤，十分尴尬，伸出的手不知该怎样收回来。

显然，客人错误地估计了对方伸手的目的。为了有脸面地收回这尴尬的右手，客人也只好急中生智，立刻将手掌往座位方向一侧，以示谢座。事情虽然过去了，但这位老师一提起那天的情景，脸面上总觉得有些难堪。

这一事例说明，握手虽然是件十分平常的小事，许多人每天都在运用，但握手的规矩未必每个人都晓得。那么握手到底有哪些规矩呢？

一般来说，握手的规矩可以归为以下几条：

1. 在上下级之间，上级伸手之后，下级才能伸手相握。

2. 在长辈与晚辈之间，长辈伸手后，晚辈才能伸手相握。

3. 在男女之间，女人伸手后，男人才能伸手相握。

4. 握手时应该伸出右手，决不能伸出左手与人相握。

5. 在握手时，应该脱掉手套。

6. 握手时不要毫无力气，也不要过分用力。

当然，这些是一般的规矩，有时也可以根据具体情况和对象灵活掌握。为了避免尴尬情景的发生，在主动和人握手之前，应该首先想一想，自己是否受对方的欢迎。如果你认为他确实欢迎你，那么即使他是你的上级，你先伸手与他相握也未尝不可。因此，先伸手是否合适也取决于你们的关系如何。

对于一个推销员来说，如果自己是个不速之客，那么，主动和买主握手很可能会引起相反的结果。

如何介绍人

介绍是人们在社交活动中互相结识的初步形式,它往往可以为进一步交往奠定基础,介绍要讲究礼节。

1. 介绍总的原则是:把别人介绍给你所尊敬的人。所以,在介绍时应把男子介绍给女子,把年轻的介绍给年长的,把地位低的介绍给地位高的,把未婚女子介绍给已婚妇女。在介绍时,先提某人的名字是对此人的一种敬意。在社交介绍中,除了名望地位高的男子以外,总是先提女子名字。当被介绍人都是同性别而又无法辨别其地位、身份时,可随意介绍。

2. 集体介绍时,主人可以按照当时他们的座位顺序进行介绍,也可以从贵宾开始。

3. 在西方,个人行动去向、年龄、身体、婚姻状况和工资收入都是隐私,所以公关人员在对外介绍时,要注意忌讳,避免引起对方反感。

4. 介绍时,除年长者外,男子一般应起立,但在宴会桌、会谈桌上则不必,只须点头示意即可,当妇女被介绍给男子时,她不必起立,只须微笑或点头示意。

5. 介绍时,要有礼貌以手示意,切不可用手指指点点。在人家向你介绍某人时,千万不要忘记被介绍人的名字。

6. 和别人同行,在路上遇到熟人可不必介绍,但时间逗留较长,则应介绍,在家里告辞中的客人不必介绍给刚到的客人。

7. 介绍后,通常是相互握手,互相问候,对身份高的人可以说"久仰大名,认识您很荣幸",对一般人也可说一下"认识您很荣幸"。

8. 初次相识,一般由第三者介绍,也可作自我介绍。自我介绍时,要讲清姓名、身份、单位。介绍言词要得体,不要变成自我吹嘘。现代社交场合中,往往用名片代替自我介绍,名片一般都是低位送给高位,要双手奉送，对方也要双手接受，并要表现出认真地看，看过后，郑重收存，切不可放在手中玩弄，或随便乱丢。

如何称呼

在公共关系活动中，称呼很重要。一声充满感情而得体的称呼，会体现出公关人员待人礼貌诚恳的美德，能使对方感到愉快、亲切，易于沟通感情，缩短交际距离。称呼既有称呼别人，也有称呼自己，既有敬称也有谦称，既有俗称，又有雅称。称呼可反映出人的身分、地位、头衔、教养、性别、婚姻状况、关系等。

称呼在口语运用中有泛称和类称两种，在我国一般称同志，这是泛称。称职务，职称如医师、护士这是类称。用“小×”“老×”相称。对德高望重的称“×老”，同辈关系的较亲密的可直呼名字。年轻者对年长者，学生对老师决不可直呼名字。浑号、绰号只限于一定范围内使用，不登大雅之堂，在社交场合切忌使用。

现在，我国的社交活动中，也使用“先生”“女士”“夫人”“小姐”的称呼。同时也使用传统的礼貌称呼。出自对别人亲属表示尊敬，在称呼对方亲戚时加上“令”或“贵”字。为对自己表示谦逊，称自己的亲戚时加上“家”字。对自己的小辈有的用“小”“愚”“舍”等。对已去世的上辈称“先”，下辈、同辈称“亡”。这样的称谓，比现在流行的“我的……”“你的……”文雅得多。

赴宴的礼节有哪些

赴宴是人们比较经常的交际活动之一，因此要特别注意其中的礼节。

当你接到请柬或邀请信时，能否出席参加要尽快予以答复，以便主人安排。如果不能参加，要向主人说明，并表示感谢和歉意。出席宴请，要注意仪表，经过梳洗打扮，穿戴要清洁、得体、大方，最好选择一套既得体又入时的服装。避免打扮奇形怪状、低级庸俗。注意仪表，既是美化自己，又是对主人和参加宴请者的一种尊重。同时，也能增加宴会隆重的气氛，使主人感到高兴。

赴宴要掌握时间，既不须太早（太早会显得太急于进餐），也不能迟到"闯席"。最好事先探询一下，或依据请柬注明的时间，稍微提前一点。如果你与主人关系密切，不妨早些抵达，帮主人招待来宾，或做些准备工作。

抵达宴会地点，首先要主动向主人问候致意，然后，不管相识或不相识，都要笑脸相迎，点头示意，或握手寒暄，互相问好；对长辈老人，要主动起立，让座恭安；对小孩，则应问名询岁，多加爱抚。

事先准备好名片，被介绍给他人时，用双手捧着名片相赠，决不可随便抛给别人，反之，接受对方名片，也需要用双手，接到以后，要认真看一下，有时可有意识地重复一下对方的姓名与职务，以示尊重和仰慕，不要将别人的名片漫不经心地塞进口袋。

进餐时，要遵循餐桌上的礼节，以免有失雅观，影响气氛。

进餐前后，要主动与周围的其他客人多交谈，但交谈面不宜太大，晴蜓点水的方式，一般不会给对方留下深刻印象。

敬席时，应向主人致谢，祝贺宴会组织成功，感谢主人的热情周到，称赞菜肴的丰盛精美等。但客气话尽量简单些，说得过多，会使主人不自在。

餐桌上的礼节有哪些

进餐入座应听从主人的安排，入座时，注意座位卡是否写有自己的名字，不可随意乱坐，年长者和女宾一般都会受到谦让，可先坐下。

上菜前，主客之间常会有一些简短的交谈，客人要注意应对，不可一入席便等待进食或玩弄筷子，或左顾右盼，可替邻近人传递杯碟等。

菜上桌后，当主人向客人敬酒时，客人应起身回敬，喝罢酒后才好夹菜。动筷之前，须待主人招呼，不可争先恐后，更不要起身站立夹菜。如不善饮酒，可择取淡酒或饮料，不可一味固辞，而酒量甚大者，当主人为你斟酒时，可谦谢一下。

食具用过后，照原位放好，不要老是持在手中，有失雅观。进食中，吐出的骨头，残渣，应搁在自己面前。

进餐时，多注意主人或本餐桌的长者的表情和动作。随他们的节奏进餐，不可只管自己吃喝方便或喜好，一道菜上桌时，应该等主人和长辈动筷后再去夹食，动作宜轻，不要碰倒杯盘，减少兴致。喝汤时，不要发出声音，进食时应以食进口，不可以口就食，吃的时候，应闭口咀嚼，不要发出声响，汤和食物太热，不可用嘴吹。

用餐时可进行一些简单交谈，但不能一边咀嚼，一边说话，防止唾液四溅。不要只同熟人或只同一两人交谈，邻座如不相识，可先作介绍。

吃带皮的水果，不要拿起吃，要先削去或拿去外皮再吃。

祝酒时，要先按主人的意图行事，切勿客人主动，以防喧宾夺主。主人祝词碰杯时，不要交叉相碰，也不要只顾谈话或吃喝，这对主人很不礼貌。

喝酒的量要控制，借酒说大话或其他不得体的语言，既影响整个宴会的气氛，也影响主人的形象。

宴会中，如果不慎发生异情，如衣帽掉地、餐具落地等，要礼貌地向客人或服务员致歉意，并将落物拾起。如果酒水打翻溅到邻座身上，应表示歉意并协助擦干。

不要在宴会桌前解开衣扣，脱下衣服等，也不要玩弄餐具，给宾客一种不雅观的感觉。

如果有事要提前退席，须在宴会前与主人说明并表示歉意，到时候自行告别悄悄离去，不必惊动太多客人。

请客须知

宴请客人主要在于表达心意，但不必过于铺张。非正式的请客，如约一些至亲好友一起聚一聚，可随便一些。正式的请客，如喜、庆、寿宴等，可以隆重些。

一般地，主人在宴会开始之前，便应该准备妥当，并随即站立于门前迎接宾客。照例是：作为晚辈的主人，站在最前面，长辈居后。对每一个来宾，主人都得分别依次招呼，不可疏忽。主人既要迎客又要陪客，那么在场内场外都要指定专人负责接待、照应工作。主人对每一位客人都应一视同仁，不可只顾应酬一两个上宾或主要客人而冷淡了其他客人。

入席前，主人或招待人员应礼貌性地亲自递烟倒茶。入席时，如彼此相熟，可自由就座，若要照顾传统习惯，则要排好座位。一般主人应是坐在下首，并最后入座，主宾则是坐在主人的上首。其余的宾客，在安排座次时，最好把比较熟悉的朋友排在一起，使他们可以自由交谈，气氛也热闹些。

上菜之前，做主人的先要向同桌的客人敬酒，照例说一句感谢光临的话，上菜时，应从主人旁边端上来，以便主人摆菜。结婚和祝寿的宴会则不同，主人要坐在贵宾或长辈的旁边，以便经常夹菜给贵宾或长辈。每道菜端上来时，主人要主动热情地举杯邀饮，然后请客人“起筷”。

敬酒，是席中不可缺少的项目，特别是大规模的中式宴会中，主人照例要带主要亲人到每桌去敬酒，去到每一桌席，主人就能够遍见每一位客人，并且一一致意了。主人在向宾客或长辈敬酒时，要亲自持瓶斟酒，态度与动作要从容大方。

一般的宴会还有劝酒之举，劝酒应看座上宾客都已搁下筷子方可进行，不可勉强劝酒，客人喝醉了，既伤客人身体，又破坏了宴会的气氛。在席间，主人应和宾客多谈些引人高兴的事情，使席间充满温馨。

席散后，主人照例和宾客闲聊一会，但也不宜让宾客逗留太久，影响他们赶路。送客时要站在门口和宾客一一握手道别，对某些来宾，如长辈、路远的稀客，可遣小辈送上一程，或为他们雇车，以表示自己的情意。

哪些是影响仪表美的习惯

影响仪表美的坏习惯有：

1. 在餐桌上举止粗俗，滴汤漏水；
2. 在人前不加掩饰地咳嗽、打喷嚏、掏鼻孔；
3. 在公共场所发出粗鄙的声音，如打嗝、咂唇等；
4. 当众修饰仪表，照镜子；
5. 一味追求时髦，不适当地打扮自己；
6. 窝窝囊囊，不修边幅；
7. 衣冠不整，脸或指甲不干净；

8. 不分场合对人打招呼;

9. 人为地吸引别人对你的注意;

10. 打断别人的谈话或抢接别人的话头;

11. 心不在焉,迫使别人再次重复谈过的内容;

12. 像连珠炮似地连续发问,让人难以招架;

13. 爱唠叨、谈话时找别人的岔子;

14. 在朋友面前说谎;

15. 对他人私事过分好奇、好寻根问底。

影响交际的坏习惯有哪些

傲慢、轻率、不节制、不体谅、轻诺、吹毛求疵、爱对人评头品足等等特质都属于阻碍人际吸引的坏习惯。

傲慢的人常常在姿态上做出一种优越感,对别人的说话表现出一种满不在乎的表情。这种人总认为自己是这行的专家,知识最丰富,经验最多,自己最精明强干,别人无法匹敌,然而,这种人常常得到众叛亲离的下场。

轻率和不节制的人往往在问题还没有弄清楚之前就迫不及待地下结论,甚至感情用事地作出处理,就好像手枪还未找到目标就乱扣板机,很容易伤害无辜的人。而且这种人往往在话中带有火药味,伤害了对方的情感,造成难以收拾的后果。因此,这种不良特质也给交互吸引设置了障碍。马克·吐温曾说过:“你在发火之前先数到四,然后再破口大骂。”聪明而富于理智的人一般都数到三。

亲朋是有远近的,每个人都有至亲和密友。因此对不同的人必然有不同的态度,这是人之常情。但是当几个人在一起时,或者在单位的多人场合下,“一视同仁”是比特别照顾几位喜欢的人更安全可靠的做法。

“偏心眼”的做法是把其余人不放在眼里的表现，你必然也会得到同样的反应，严重的甚至会联合起来跟你捣蛋。

不体谅对方的人常常冤枉人，常常因为自己的事情而打断别人正在进行的工作。这种做法是在向别人输出自己是优秀的，而对方是不优秀的信息；也在输出自己的时间是值钱的，别人的时间是不值钱的信息。这类恶劣的信息在交互作用中必然给人留下恶劣的印象，得到具有负值的回响。

轻诺的人也许出于好心，或碍于面子，一口答应对方托付的事情。但事后才发现事情非常难办，进退维谷，即使硬着头皮干，结果仍然是很糟糕的，最终给人以对人不诚恳的印象，使对方对自己丧失信心，决定以后少打交道。因此，对什么事都应持实事求是的态度，不要打肿脸充胖子。凡事丑话说在前面，不要只顾过虚荣心的瘾。

吹毛求疵，喜欢对人评头品足的人，把待人的立足点放在对他人作反面性的假设上。这种人眼中尽是别人的缺点和过错，专挑别人的茬儿。其实他们在别人心中留下的却是个“坏心眼”的印象。他们得到的常常是针锋相对的斗争或别人远避三舍的后果。这是一种极不正常的恶性交互作用。

总之，别人对我们的态度与我们对别人的态度密切相关，相互作用，不断反馈。我们应该有意识地克服种种障碍性的交往习惯，增进良好的习惯，学会去爱别人，常常提醒自己：“我是爱他人的”，并朝着这个方向去努力，树立起乐观向上的人生态度。当你真心这样去做的时候，你会发现，你周围人的面孔将越来越好看，整个世界也逐渐变得光明起来。

注意形象的方方面面

破坏你形象的，往往不是衣着打扮，而是你平时不太注意的一举一动，一步一姿。

平时多多留意你衬衫的领头和袖口，记住“洁为美之木”。

新式西装老式鞋，不伦不类，穿起龙袍不像太子，这是东施效颦的结果。

流行的双排和西装，不能将门襟随便敞开，一定要扣上纽扣，才能气派十足。

男人的装饰，主要是领带。一条好领带能起到提升服装格调的作用，所以你一定要自己选择好、保养好领带。

口袋的功能并非单纯放东西，塞得鼓鼓的而变形，口袋变形显得有伤大雅的。

不要小看袜子，当你一坐下来袜子就成了显眼的部位。

有人认为是小节。可是再没有比捏一条灰污污、皱巴巴的手帕的举动更失风度了。

男士的美容问题总是集中在胡须上。留有了胡须，进食时必须格外留意，每吃一口，必须仔细将嘴巴拭净，粘有菜肴，会让人反胃。

真皮质优的公文包不但具有增加衣装形象的功能，而且它能给人干练有为的形象。

高领毛衣不仅能使中年人护颈保暖，还能使中年人显得年轻。

当你与恋人同时出游，当你与夫人同行时，应视女伴的装扮来决定自己的服饰。衣着应该配合她的装扮。

男士的穿着以传统服装为好，不宜过为华丽，不宜有过多的颜色变化，最好是以不超过三种为原则。过分新潮，过分花哨，有失庄重。

当你穿着完毕，临出门前，千万别忘了在全身镜前作最后一次审视。

怎样穿戴能使你更具魅力

谁不希望自己美丽,使别人喜欢？要做到这一点,穿着打扮,起很大作用。有些妇女善于穿着,她们穿较为便宜的衣服也能把自己的优点显示出来,而有的妇女因穿着不当显得不自然,不协调。

在这一方面,颜色起着很大作用。众所周知,颜色不单纯是简单的物理刺激,而且还包含着复杂的心理因素。

比如蓝色会产生冷的感觉,有安定作用,甚至有降低血压、退烧的效果。比较瘦的妇女穿所谓冷色(蓝色或绿色)的服装比穿暖色(红色、橘红色和黄色)的服装更为适宜。因此,线条分明的妇女最好只用暖色作为点缀,以加强突出部位。

有意识地利用线条和式样是有益的。它能从感觉上吸引人,并能改善自己体型的不足之处。

所有垂直的线条或花样能使人感到苗条,而横线则使人感到丰满。臀部发达而胸部和肩部不发达的妇女穿有垂直线条的裙子,就可弥补上述缺陷。而同臀部相比,胸部又过于发达的妇女则应穿有直线条的背心。这种圆体型的人不应穿带有大花纹和颜色鲜艳的上衣。

发型、帽子也应有所选择。如果脸部过宽,戴没有边沿的、线条向上的帽子比较好;同样,头发最好往上梳,形成一个高高的发髻。如果脸部较窄,那最好就戴边的帽子,发型应下垂遮住脸部。脖子较长的妇女最好穿高领背心。

千万不要忘记,我们要突出美的部分而把不太美的地方掩盖起来。

教师的服饰艺术

服饰是无声的语言。当老师走进教室，他给学生的第一印象便来自着装和举止。教师如果能够恰当地运用一些服饰艺术，注意日常着装，不仅可以提高学生的审美水平，丰富教师生活，而且，在某种程度上可以拉近师生之间的关系，提高学生对教师所授知识的兴趣，从而提高教学效果。反之，如果处理不好或者运用不当，则会分散学生的注意力，影响教学效果。

那么，教师的着装应该遵循什么原则呢？

教师的着装主要应该遵循“和谐”的原则。

首先，是与教学气氛和谐。韩愈曾在《师说》中提到，“师者，传道授业解惑也。”也就是说，教师的主要任务是向学生传授知识。所以，教师在讲课过程中的着装应该力求简洁、平和，使学生能够感觉到教师的精神风貌，而又不太抢眼，分散学生的注意力。

其次，是与教师自身素质和谐。改革开放后，随着“科学技术是第一生产力”的提出，人们越来越认识到知识的重要性，与此相适应，社会对教师素质的要求也越来越高。

作为当代的教师，不仅要不断充实自己的知识，同时也要注意教师外部形象的塑造，使教师“文”与“质”相得益彰，表里如一。

作为知识型人格的教师，服饰应该是教师知识素养的烘托，是教师知识素质的补充。

由于每个人的具体条件不同，所以应该根据自己的实际而选择相应的服饰。

一般来说，在色彩的选择上，最好选用以中色系为主色调，辅之以有色系的服装、服饰；款式上，应以简洁、大方的为主；在穿着搭配时，应穿着合体的服装，切忌太紧或太松，应注意上下一致，内外和谐。女教师如要化妆，应当选择淡妆，饰物也要少而精。

当然，教师除了教学的时间外还有很多其他的生活空间和生活内容，扮演不同于教师的生活角色。那时，您就可以根据自己的喜好，穿出自己个性和新意了。

佩戴胸花应知

在会议及宴会中的重点人物或受邀约的贵宾，往往都会佩戴特别而明显的标志，借以凸显其重要而成为众人注意的焦点。

胸花是一种很好且普遍采用的方式，胸花的制作是以花朵的名贵以及尺寸的大小，来区别地位的高低和表示对贵宾的尊重。

为了维护贵宾形象。人们必须注意下列几点：

一、胸花佩戴的位置 女士胸花的佩戴位置是接近脸部及身体中央线的左胸前，如外套衣领处或礼服的肩领处，一来更加衬托脸部光彩明亮的容貌，而且人的行为动作多偏向右侧，勿因胸花阻挠其行动的方便，也可将注目重点偏向中央以便女士更显纤细。

男士胸花佩戴的位置是在西服上衣左侧口袋，将花枝插入口袋内，只露出花朵，再用大头针将胸花固定。男士的雄伟在其宽大的胸膛，胸花的佩戴更强调贵宾的雄伟，所以佩戴在西装的衣领处是不合适的。

二、胸花的型式 女士的胸花以柔美的花朵搭配其他装饰为主，如玫瑰、兰花等丰富的花型，再加上朦胧的满天星和精致的缎带组合成一束华丽柔美的胸花。

男士的胸花则以线条简单明朗的花朵为主，如茶花、桔梗、春紫苑等；不论是单朵或多朵的组合总以明朗为本，因男士胸花只露花头，无须再加缎带。

花 语

每一种花都有它的独特含意,这就是所谓花的语言。据说,这种花的语言是东方人创造的,十字军东征时才传到欧洲并为人们所接受。今天花语就是指人们用赠花来表达自己 的感情。

玖瑰——表示初恋。

蔷薇——表示恋爱。

紫罗兰——表示初恋。

柠檬——表示挚爱。

红郁金香——宣布爱恋。

鸡冠花——表示爱情。

秋海棠——表示苦恋。

黄郁金香——表示爱的绝望。

四叶丁香——表示属于我。

白丁香——表示想念我。

黄菊——表示微爱。

长春藤——表示结婚。

麦藻——表示结合在一起。

并蒂莲——表示夫妇恩爱。

红豆树——表示使人最相思。

红菊——表示我爱。

桃花——表示淑女。

樱草——表示青春。

荷花——表示纯洁。

白百合花——表示纯洁。

红茶花——表示天生丽质。

黑桑——表示生死与共。

白茶花——表示真美。

刺玫瑰——表示优美。

紫罗兰——表示诚实、朴素。

水仙——表示尊敬。

野丁香——表示谦逊。

白桑——表示智慧。

白菊——表示真实。

野葡萄——表示慈善。

松柏——表示坚强伟大。

竹子——表示虚心正直。

山丹——表示坚持斗争。

红枫——表示革命真心。

茶花——表示战斗。

铁树——表示庄严。

蓟——表示严肃。

含羞草——表示知耻。

梅花——表示刚毅不屈。

木芙蓉——表示拒绝威胁。

金银花——不畏风雪。

薄荷——表示有德。

橄榄——表示和平。

桂——表示光荣。

樟——表示繁荣。

榛——表示和解。

白栎——表示独立。

枳——表示希望。

红丁香——表示勤勉。

菟丝子——表示战胜困难。

鸟石藿——表示慎重。

红罂粟——表示安慰。

野百合花——表示安慰。

杜鹃花——表示节制。

紫藤——表示欢迎。

条纹康乃馨——表示拒绝。

翠菊——表示追念。

香罗勤——表示祝愿。

橄榄枝——表示和平的希望。

黄月季——表示和平的胜利。

郁金香——表示胜利和美好。

紫荆——表示兄弟团结。

萱萱——表示祝父母健康。

杜鹃花——表示怀念家园或是盼望解放。

百合——表示希望百事合心、团结友好。

万年青——表示祝愿友情长存。

吉祥草——表示祝愿鸿运祥瑞。

水仙花——表示避邪除秽,给家庭带来吉祥如意。

枣儿、桂园——表示祝愿早生贵子。

石榴——表示祝愿子孙繁昌。

虎刺(又名寿星草)——表示敬祝长青不老。

枸杞子盆景(又名王母)——表示敬祝轻身延年。

鲜桃——表示祝贺长寿。

常春花(金盏菊)——表示祝贺长寿。

胭脂花——表示勿忘。

豆蔻——表示别离。

芍药——表示依依惜别,含有前途远大之意。

杨柳——表示惜别,含有依依不舍、黯然神伤之情。

杉枝——表示分别。

红康乃馨——表示伤心。

黄康乃馨——表示轻蔑。

杏花——表示疑惑。

黄毛茛——表示忘恩。

松——表示哀怜。

赠花时，往往用多种花组成花束相赠，如：

结婚时可选五爪龙、长青藤、麦藁组成花束相赠，意思是同心结爱情、两人共一生。

分别时常用杉枝、香罗勤、胭脂花组成花束相赠，表示“别了，祝君美好。请勿忘我”。

勉励友人时常用鸟石宿、红丁香、菟丝子组成花束相赠，表示“君如努力，必能成功，我祝愿您！”

探望病人时多用红罂粟和野百合组成花束相赠，表示“放心吧，你会健康的”。

由于各国民族习惯不同，花的含意也不同，如郁金香在土耳其被看作爱情的象征，但德国人却认为它是没有情感的花，所以应注意。

插瓶鲜花迎新春

新春佳节，在居室陈设一瓶风格别致的瓶花，既美观大方，又能烘托节日喜庆气氛。

春节插花，主要是为营造一种欢快吉祥的气氛，表现五彩缤纷的热烈场面，因此要重点注意器皿、道具、植物的选择以及插花的技法。插花的器皿种类较多，可以是瓶、盆、盘、碗、盅、壶、缸、罐等，甚至于烟缸、易拉罐、笔洗、笔筒、水杯、陶瓷酒瓶等，也可成为一个很别致的花器，但必须注意与鲜花、环境的构图配合得当。插花的道具,是指植物和器皿以外的东西,主要有各种景石、各种人造小动物、人物、亭桥等小摆设。道具的选择必须有利于插花的形式美,不能画蛇添足。对于植物的选择,要重点考虑植物的自然形态特点和它们之间搭配的合理性、艺术性。春节插花的植物较多,如腊梅、天竺、梅花、山茶、杜鹃、天冬、一叶兰、报春花、水仙、金桔、兰花、唐菖蒲、一品红、康乃馨、玫瑰、菇菇花、银柳、迎春花等等,都可以用作节日插花。

春节插花的技法,首先要注重层次分明,美观大方,有主有次。插花时主体花要放在显眼的位置,较高的主体花应放在后或侧,短的花枝放在前,横摆直插斜放各施其法大胆创作。不论用什么方法,但一定要层次分明、颜色搭配协调。其次插花时宜插1、3、5、7、9……枝,也可对称插花或图型插花。插时,为了主体花的高低大小和插花器皿配合一致,可用简式进行计算:插花器皿的长度加深度再加上该数的一半等于第1枝最高的主体花;第2枝主体花是第1枝主体花的3/4;第3枝主体花是第1枝主体花的一半。例如,器皿(花瓶)的长度=6,器皿(花瓶)的深度=2,代入简式:第1枝主花=6+2十(6+2)/2=12;第2枝主花=12×3/4=9;第3枝主花×12=12/2=6。再有要选用含苞待放新鲜的花枝,这样能陆续开花,此起彼伏,观赏持久。最后要注意保鲜。插花后不仅要保持适当的水量,而且应三五天更换新水一次。换水时可在瓶中投入适量食盐、硼砂或高锰酸钾,以有助于防腐保鲜。平时还应对插花适当喷雾,以补充花枝体内水分的失少,从而使插花欣赏期延长。

学校精神文明建设

教师必备知识丛书

精神文明重在建设

“重在建设”是社会主义精神文明建设的一条重要指导方针，高校的精神文明应抓好哪些建设呢？

一是思想理论建设。思想道德首先是思想以及与之相适应的理论。“以科学的理论武装人”是思想道德建设的根本，它解决的是人们的世界观和理想信念问题，应以这个根本建设指导、带动、促进其他建设。坚持

不懈地用马克思列宁主义、毛泽东思想和邓小平建设有中国特色社会主义理论武装党员干部、教育师生员工，引导大家抓住一个精髓（解放思想、实事求是），围绕一个基本问题（什么是社会主义，怎样建设社会主义），解决两个认识（正确认识社会主义发展规律，正确认识国家的命运和前途），达到划清在社会主义问题上的是非界限，坚定建设有中国特色社会主义共同理想和信念的目的。在高校要造成一种重视理论学习与研究的浓厚气氛，要用全力抓党委中心组和中层干部的学习，用心思提高领导干部的理论素养，并把他们的学习同坚定办学的政治方向，同调查研究解决学校改革发展中的重大问题，提高驾驭学校全局工作的能力结合起来。这个层次的学习要对师生员工起到示范、指导作用。“两课”是学生思想理论教育的“主渠道”，要继续推进其改革和建设，使有中国特色社会主义理论进课堂、进教材、进头脑的任务落到实处。研究生要精选、精读马列的几本经典著作，以增强其马克思主义的理论底蕴。教职工的政治学习要增加理论含量，精读原文。有份量的辅导报告，有准备的专题研讨等方法都可以用，但务必精心组织。学习要突出重点，丰富形式，健全制度，

注重实效。我校有两个“校中之校”，一是党委党校，二是青年共产主义学校，前者主要培训干部、党员和部分学术骨干，我校选拔的中青年学术骨干都在这里接受过政治培训。后者是 1990 年开始创办的由青年学生志愿报名参加的一所学习马克思主义和共产主义的学校，迄今已办 14 期，深受学生欢迎和好评，马克思主义在这里表现出生命力和活力，授课教师为之振奋。各院系组织的学马列学党章小组，学生自己组织的邓小平理论研究会等，我们都要加强指导。培养造就一批跨世纪的马克思主义者，不是我们短期内能做到的，但应成为努力的目标之一。

二是道德建设。要发扬以为人民服务为核心，以集体主义为原则，以“五爱”为基本要求，包括社会公德、职业道德、家庭美德在内的社会主义道德规范体系。对我校而言，当前在着力抓领导干部道德、教师的师德及对学生的社会公德教育。干部要勤政廉政，为师生服务，“德在人先，利居人后”，以德树人，以德服人。与学生德育工作相比，近几年我们对教师思想道德建设关注得不够，投入的精力不多，“育人者的德育”务必抓紧抓好才行。要以师德为切入点，强化教师责任意识，坚持从严治教。

三是校园文化建设。校园文化融思想性、知识性、艺术性于一体，既可以丰富提高师生的文化生活质量，又是思想道德建设的载体，使师生从中汲取思想、陶冶情操、升华境界。近年来我校校园文化活动的主要形成，一是开设系列讲座，诸如“马克思主义与当代中国社会”“传统文化与现代文明”“精神文明与市场经济”“21 世纪科技发展前瞻”等，都引起学生强烈反响；二是开展主题活动，诸如“重塑理想”大讨论，“我与优秀共产党人比差距”“今日我以南大为荣，明日南大以我为荣”等等，学生参与率高，且普遍从中受教益；三是开展学术、技术、艺术等“三术”活动，进一步继承发扬民族优秀文化和革命文化传统，积极吸收世界文化优秀成果，弘扬主旋律，提倡多样化，繁荣校园文化。为此，拟建学生和教工的文艺团体，以此带动校园文化的活跃。要进一步发挥我校

方文化艺术教育中心的作用，开设出与培养学生人文艺术素质相适应的配套课程，使理科学生多一些人文精神，文科学生多一些科学品格，所有的学生都能具有相当水平的政治觉悟和道德情操。

四是校风和校园环境建设。校风是师生员工精神风貌的总和，包括学校的党风、教风、学风和工作作风等。学校的风气和人文学术环境至关重要。为此，我校实施了"432 校园文明工程"，即通过对三堂（课堂、食堂、会堂）两所（住宿场所、文体活动场所）的建设和管理，达到四项目标正确的政治方向，浓厚的学术空气，健康的文体活动，文明的校园环境。）

五是哲学社会科学学科建设。高校的哲学社会科学学科齐全，群体力量雄厚，其在两个文明建设中的作用不可低估。它可以培养出一批两个文明尤其是精神文明的建设者，能够产生对我国社会主义现代化建设有指导意义的思想理论成果，能产出丰富人类精神宝库的文化精品。这方面的建设必须坚持马克思主义的指导，坚持理论联系实际，为两个文明服务，为党和政府决策服务，为高教的改革发展服务。

学校教育与精神文明建设

教育是社会主义精神文明建设的重要组成部分，学校是社会主义精神文明的重要阵地，学校教育在精神文明建设中具有重要的战略地位。在深入学习、贯彻、落实党的十四届六中全会《中共中央关于加强社会主义精神文明建设若干重要问题的决议》的时候，进一步认识教育工作对精神文明建设的特殊的巨大作用，具有非常重要的现实意义。

学校里的教育教学工作，每一项都可以说是精神文明建设。《决议》中关于精神文明建设的总指导思想和总的要求，也正是对教育工作的总的指导思想和总的要求；精神文明建设的奋斗目标，也正是学校教育的最基本的内容。而学校教育自身的一些特点，又使它在整个精神文明建设中起着特别重要的作用。

一、学校教育进行的思想道德建设和文化科学建设，比起其他系统来，显得更有系统、有计划、有组织、有目的。从幼儿园到小学，从小学一年级到五或六年级，从初中到高中，每一学期，每一学年，也就是受教育者的每一年龄阶段，应达到什么程度，应掌握什么知识，应形成哪些观念和品德，都有非常具体、非常明确的规定和要求，这不仅把精神文明具体化了，而且还要逐一落实到每一个受教育者身上。

二、学校教育特别是基础教育阶段，不间断地一批接一批地培养着我们的新一代。前一批学生毕业了，走出校门，走进社会、或者升入高一级学校，同时后面紧跟着又有新的一批学龄儿童进入学校。就是这样，年年有人走出，又年年有人走进学校，从不间断，从不停止；而且这个阶段正是广大青少年成长发展极迅速时期，正是思想品德、行为意识、知识技能、身心发育打基础时期。我们民族一代又一代人正是通过教育，获得文化科学知识，懂做人道理，形成良好的行为习惯，成为一个合格的公民，走向社会，成为优秀的社会主义事业的建设者和接班人，投入现代化建设中去的。

三、学校教育有一支宠大的专门的工作队伍——教育工作者，包括广大教师和教育行政部门的领导者、管理者。我国现有一千万左右的中小学教师队伍，有近百万的高校和成人教育教师。他们所从事的教育教学工作，不仅仅只是文化科学知识的传播，同时，还注意学生思想品德的培养；不仅要学生掌握知识，同时还要学会运用知识解决问题的能力；不仅培养学生的集体主义精神和意识，同时又注意学生个性的健康发展，充分发挥每个学生的特长，使他们学会科学、健康、文明的生活方式，学会科学的思想方法、对人对事的科学态度和科学精神等等。总之，他们从事的工作，正如《决议》所说，是“人类灵魂工程师”的工作。

（四）学校是以有组织的集体活动为其基本特点的。不仅教学工作是这样，思想政治活动、课外文化娱乐、体育卫生活动，也都如此。此外，学生还有他们自己的组织——少年先锋队和共青团。这是少年儿童和青年学生学习共产主义的大学校。广大青少年正是通过学校里有组织的集体活动，养成心中有他人、有集体、有祖国的观念，把个人与集体、与民族、与祖国联系在一起，关心集体、热爱集体，为集体、为人民贡献自己的力量，同时又从集体那里得到关心帮助和激励，形成团结互助。平等友爱、共同前进的人际关系。

如果我们真正地、切实地抓住这些特点，把教育放在优先发展的重要战略地位，充分发挥学校教育的这些特有功能，把精神文明关于理想信仰、思想品德、文化科学、身心发展、生活方式、人际关系等各种要求，对我们的后代，从小就一步一步、一点一滴地灌输、引导、启发、教育，送到心灵深处，化为他们的坚定信念、行为习惯、智能体能，这个基础打好了，对人的一生都起着无可估量的作用。当他们一旦学成走入社会，就会成为社会主义精神文明建设最活跃最积极的因素和推进力量。学校教育可以为精神文明建设打下最坚实、最广泛、最可靠的基础，为我们国家民族新生一代的成长与做人，打下最坚实最美好的基础。学校工作搞好了，整个精神文明建设一定会有更新的气象出现。这是毫无疑义的，也是自不待言的。

以上说的是理想状态。实际上，有许多方面目前我们还未做到。“一手硬、一手软”的情况在教育工作中也有明显的表现。教育的战略地位在许多地区还没有全面落实。教育经费的投入离实际需要最低限度还相差甚远。按照国际上发展中国家教育经费占整个国民生产总值的比重平均数4%作比较，1995年我国教育经费财政性支出仅占国民生产总值的2.46%，甚至比1994年还少0.06个百分点（不要小看这个0.06，它的含量是30多亿人民币）。由于教育经费投入不到位，造成的后果是严重的，其一是学校公用经费长期过低，相当多的学校教育教学设备陈旧、短缺，有的地方甚至无钱盖校舍，孩子入不了学；其二是教师待遇低，使教育工作缺乏吸引力，一些优秀人才不愿从事教育工作，现有教师队伍也不稳定，外流现象严重。教师队伍建设上不去，教育教学质量当然就没有保证。

教育工作本身也存在一些问题。在基础教育中，应试教育的影响还比较严重，学校只抓升学考试，而忽略学生素质的全面培养与提高，忽略思想品德教育，这些都是于精神文明建设不利的。

加强精神文明建设，对于教育工作来说，首先就是要进一步具体落实教育的战略地位，在思想上要牢牢树立“科教兴国”的战略意识，加大教育方面经费投入，切实解决教育事业投入总量偏少、比例偏低的问题。要千方百计使我们的教育经费财政性支出在2000年达到占国民生产总值的4%的要求。没有必要的财政保证，许多任务就要落空，提高教育教学质量的要求也难以实现。

第二，进一步改善教育的社会大环境。改革开放以来，学校教育面临的是全新的形势和全新的环境。有中国特色的社会主义现代化建设的突飞猛进的发展、改革开放取得的举世公认的伟大成就，这是推进教育事业发展的极好的外部环境，也是广大师生受到教育和鼓舞的强大力量。但同时，正如《决议》所说，精神文明建设，社会风气和环境以及社会精神生活方面，都存在不少问题，有的问题还相当严重，对广大青少年起着消极腐蚀作用，一些危害青少年身心健康发展的东西屡禁不止。解决这些问题要靠全社会的努力。当然这绝不是说学校只能消极等待社会大环境搞好了再做自己的工作。正是有这样的大环境，学校更要加紧做好自身的工作，以抵制、消弱社会上对学生的种种消极的、不良的甚至有害的影响和作用。

当前，从事教育工作的同志，要充分认识和发挥学校教育在精神文明建设中的优势和特长，努力按照《决议》所要求的，踏踏实实，一个方面一个方面、一个步骤一步骤地去做。这里有两个重要环节要把握住：一个是学校要有一个好的领导班子。有了好领导班子，才能全力以赴，抓教育教学改革，调动起广大教师学生的积极性，引导他们全面贯彻党的教育方针，全面提高教育教学质量，全面提高学生的思想政治、道德品质、文化科学、身心发展的素质。另一个是建设一支高水平的教师队伍。使我们的教师真正做到既教书又育人，全面关心爱护学生，有本领引导学生健康成长，把他们培养成为有理想、有道德、有文化、有纪律的社会主义事业的建设者和接班人。

世界上没有一座大厦根基不牢而能长期矗立的。学校教育是为精神文明建设打基础的。让我们做好这项工作，让全社会都来重视这项工作。

教师要成为精神文明建设的典范

在师德建设上，我市重点提出了4方面的要求：

首先，教师要进一步转变教育观念，并以此不断改善和规范教育行为。

要下力气搞清楚这样一些问题：1. 我们的教育不是为了培养精神贵族，培养治人的劳心者，而是培养有社会主义觉悟、有文化的各级各类劳动者；2. 教育已不再是少数人享有的特权，而成为全体公民必尽的义务，成为每一个公民做合格的诚实劳动者的必由之路；3. 教育的目的不再是“书中自有黄金屋，书中自有颜如玉”，不再是为了光宗耀祖、改换门庭，而是通过受教育，学好本领，把真才实学毫无保留地奉献给祖国和人民；4. 教育不再是唯书本、唯分数、唯升学率的应试教育，而变成为面向全体学生、使学生全面成长的素质教育；5. 教育亦从人生的某一阶段教育变成为职前、职后乃至终生的教育，教育不再仅仅作为谋生的手段，而成为人们不断适应社会发展、提高自身综合素质的内在需求；6. 教育已由单纯的学校责任变成为社会、家庭、学校共同的责任，社区在发展教育、培养青少年中将起到越来越重要的作用等。

其次，教师要做精神文明建设的典范。我们提出，要从教育自身的行业特点出发，明确精神文明建设对教育的特殊要求和教育所肩负的特殊责任。教师不仅要具有必备的专业基础知识和教育教学技能，还应当具有崇高的理想信念、高洁的思想品德、良好的做人风范、严谨的治学态度和作风等。要培养学生做“四有”新人，教师首先要具备“四有”的素质。要坚决抵制有损教师形象、有损教育形象的不良现象，在帮助教师自爱自重的同时，建立起更为完善有效的师德考查、监督机制和评估办法，使教师能够用高于社会一般水准的文明标准来约束和规范自己，堪称社会精神文明的典范。

第三，教师要义不容辞地担负起素质教育的重任。广大教育工作者要以对下世纪负责，做有责任感的教育家的博大胸怀，义无反顾地、真心实意地投身到素质教育的伟大实践中。在素质教育下执教办学远比在应试教育下执教办学要难得多，需要花费比以往更大的精力。素质教育不仅要面对少数好学生，更要关心、爱护广大中、差生，使每个学生都能得到生动、活泼、主动的发展；素质教育不是不要智育，而是要高水平的智育，教给学生学习的智慧和能力，这就需要在改进课堂教学上下真功夫，真正做教育家而不是教书匠；素质教育要求搞活德育，开足开齐各类活动课程，加强体育、美育和劳动教育等，这时就有一个怎样依照教育规律和青少年身心发展规律，有条不紊地衔接好这些环节，使之相得益彰、形成合力的问题。我市以评选“三 A”学校“三 A”校长为动力，促进广大教育工作者在素质教育中打前锋、做表率。

第四，抓好对校长、教师的职业道德培训。天津市的中小学教师学历合格率和继续教育工作在全国处于前列。我们提出，在巩固已有成绩的基础上，要把精神文明建设的内容、师德内容作为师资培训工作的重要内容来抓。通过培训，不仅使教师的知识得以更新，学历得以提高，教学方法得以改进，而且要使教师的精神境界、思想道德更加高尚，使广大校长和教师贯彻党的教育方针的自学性更高，教育思想更端正，执教办学水平不断提高。

师德建设是一项长期的、艰巨的工作，我们要常抓不懈，以教师队伍整体素质的提高，去绘制天津教育更新更美的明天！

精神文明建设与教师道德素质

教师是社会主义精神文明建设的直接参加者，是人类文明的传播者和建设者。他们不但传播科学技术文化知识，在人类文化的继承和发展中起着桥梁和纽带作用，而且还兼有精神再生产的重任。因此，首先必须认真抓好教师队伍的精神文明建设。

教师自身精神文明水平的高低，对于整个社会精神文明建设具有特殊意义，他们不仅要“传道、授业、解惑”，而且要用无产阶级的先进思想和高尚的道德情操去教育和陶冶青少年一代。党、国家和人民对教师的精神文明水平、职业道德、个人品质等具有更高的要求和标准。随着改革的深入和物质利益分配格局的变化，人的价值观趋向多元化，社会上盛行的拜金主义、享乐主义和极端个人主义思潮也不可避免地影响教师队伍。一些教师的道德失范，由此引起的种种不良倾向，已引起了广大教育工作者和全社会的忧虑和关注。因此，加强教师队伍精神文明建设和思想道德建设更具有现实意义。

教师高尚思想道德的形成、巩固和发展，要靠教育，也要靠法制。要运用《教育法》和《教师法》中的条款，对广大教师进行职业责任、职业道德、职业纪律教育，使教师的思想道德建设逐步规范化、制度化、科学化。同时，还要大力加强教师的思想政治工作。

在教育改革和发展的过程中，涌现出了无数的先进集体和先进人物，这些先进集体和先进人物是实践社会主义精神文明和优良教师思想道德的榜样。加强教师思想道德建设，必须大力弘扬先进典型。在整个教师队伍中形成崇尚先进、学习先进的风气，促进教师思想道德建设向高层次、高品位发展。

精神文明建设对素质教育的要求

一、如何指导学生学会做人？

自古以来，我国许多思想家、教育家都把指导学生学会做人看作是教育的根本目的和任务。素质教育的实质也是如此。而“应试教育”的弊端之一,就是忽视教会学生做人,以致在精神文明乃至物质文明建设上造成了不少的负面影响。在新的历史转折时期,需要我们加大思想道德文化建设的力度,加强世界观、人生观、价值观的教育,倡导艰苦奋斗、无私奉献,全心全意为人民服务的精神,全面提高学生素质,培养各种有用人才。

二、在发展社会主义市场经济过程中,如何将利益原则与道德原则结合起来,指导学生学会交往?

实施素质教育就要进一步加强对青少年的道德教育,大力宣扬共产主义的道德,建立新型的人际交往关系。要帮助学生树立正确的道德观念,处理好利益原则与道德原则的关系。把个人成材同国家前途、社会需要结合起来,形成爱党爱国、关心集体、尊敬师长、勤奋好学、团结互助的良好风气。

三、如何指导学生学会生活?

要深入持久地开展爱国主义教育、革命传统教育、宪法和法律的教育,要把现代化建设的伟大成就和宏伟目标、中国近现代史、中共党史和基本国情,中华民族优秀传统和革命传统,民族团结和祖国统一,国防和国家安全,作为新时期爱国主义教育的主要内容。要增强学生的法制观念,懂得公民的权利和义务,懂得与自己工作和生活有关的法律。依法办事,依法律己,依法维护自身的合法权益,善于运用法律武器同违法犯罪行为作斗争,并在生活中规范和养成良好的行为习惯,约束和制止不文明行为。

可持续发展教育的新内涵

【摘要】《中国 21 世纪议程》指出:“加强对受教育者的可持续发展思

想的灌输,……将可持续发展思想贯穿于从初等至高等的整个教育过程中。”不同的发展观衍生出不同的教育观,在当前中国教育由应试模式向素质教育转型的时代背景下,可持续发展战略正在呼唤教育的可持续发展。

其一是人文教育。科学主义教育价值观占据主导地位的时代,人文教育受到了严重削弱,其明显的副作用表现在把教育视为追逐实利与欲望的工具,而不再注重引导人去探索人生的目的、意义和价值,应试教育中重理工、轻人文,重专业学习、轻人生涵养的片面发展倾向即是典型表现。科学教育侧重于传授体系化知识,使人趋真求真;人文教育则更致力于弘扬崇高正大的价值理念,鼓舞人们走向真善美相融合的大化之境。

其二是生态教育。20 世纪科学的进步带来的唯科学论已使人类陷入了与自然相对峙的泥淖,导致了生态环境的日益恶化和不可再生资源的日趋枯竭,我们必须通过生态环境教育把被颠倒了的人与自然的关系重新颠倒过来,首先是强化生态文明意识,使人类复归自然;其次是强调生态忧患意识,使人类清醒看到资源的可穷尽性和自我净化能力的有限度性。

其三是道德数育。包括生态、经济、社会三方面的可持续发展战略。首先是强调政治道德教育,促进并实现国际社会的公正、和谐、文化互补与平等合作;其次是推行经济道德教育,为经济平稳健康发展提供有力的道德支持;再次是强化环境道德教育,完成人类从“自然之王”到“自然之友”的历史转变。

修正我们的国情教育

国土资源部经济研究院副院长关凤峻在 3 月 26 日《中国经济时报》撰文说,必须修正我们的国情教育。孩子的脑袋里应装进去对国情的了解和他生存在这样一个国度里的责任。有希望的民族都应这样教育下一代:你生存的土地上有哪些危机,你负有珍惜它的哪些责任。

关凤峻说,过去我们总说:中国地大物博。从总量上来说确实如此,我们的矿产资源总量、土地面积总量都排在世界第三位。但人均要素却远远低于国际平均水平。而且这些紧缺资源又受到严重污染。到 2030 年前后,我国人口将达到 15 亿 ~16 亿的高峰期,我国的资源和环境受到的压力将是巨大的,绝无仅有的。所以我们的宣传教育“地大物博”是不够的。我们当父母的小时候受的教育是我国有多少个钢都、有多少个煤都、有多少个森林,现在我们孩子的教科书上还是这一套,缺少一种危机和真相的教育。

我们的孩子如果踏在这片土地上却毫无认识,这对一个民族来说是很不好的。如果他目睹被污染的河流却不知心痛,他扔弃废弃物品而毫无资源的概念,这也是我们的失职。在孩子明净的目光中你应该让他看明事实,在孩子空旷的脑袋里你应装进去对国情的了解和他对生存在这样一个国度里的责任。

“五心”教育

北京市写作学会会长、著名作家刘绍棠说,佳木斯正在各大中小学推广佳木斯一中的“五心”教育经验。佳木斯“五心”教育经验得到中宣部、国家教委、团中央、广电部等部委领导的肯定和好评。

其一,以“忠心献给祖国、爱心献给社会、关心献给他人、孝心献给父母、信心留给自己”为内容的“五心”教育,是爱国主义、社会主义和集体主义教育的具体化。“五心”教育与革命传统教育、革命理想教育、传统美德教育、社会公德教育有机结合,构成了比较系统和完整的道德教育体系。

其二,爱国主义教育是“五心”教育的核心,是最高层次。培养一个人的爱国主义情操必须由近及远,由浅入深,由小到大方能奏效。“五心”的产生及由低到高的排列顺序为:爱自己有信心——爱父母有孝心——爱他人有关心——爱社会有爱心——爱祖国有忠心。这样操作,青少年学生才会感到可想、可知、可信、可做。

加强优良传统道德教育

近几年来,我校通过加强优良传统道德教育,提高学生思想道德素质,取得良好效果。

编排优良传统道德教育内容体系。我校结合学生思想道德实际和本地风土人情,组织编写了以爱国爱民、诚实守信、勤劳俭朴、团结友爱、文明礼貌、谦虚好学、尊长爱幼、扶危济贫等传统美德为基本内容,以真、善、美为基本标准的德育内容体系。

建立优良传统道德教育管理体系。我校经过不断探索,逐渐形成了以分管校长全面负责,政教处组织实施,年级协调管理,班主任具体落实和团队、教研处及其他学校教育行政职能部门协从配合的立体管理网络。目标统一,分工明确有序,层层管理,分层负责,使优良传统道德教育成为有组织的、持久性的教育活动。

探索进行优良传统道德教育的方法和途径。我校通过广播、宣传栏、班会、校会及其他学校教育行政力量,营造浓郁的优良道德氛围,潜移默化影响学生。通过开展各种教育活动,让学生体验优良传统道德的博大力量,获得积极向上的情感体验,实现道德素质的自我发展与提高。在组织实施过程中,我校充分利用班会、校会、升旗仪式、国庆节等经常性的活动,并结合时事,积极开展演讲、辩论等各种活动,加深优良传统道德的内化力度。通过家访协调家庭教育力量,取得家长的支持。我校以孝敬长辈为基本内容，开展了“给妈妈过生日”“帮妈妈做家务”等活动，收到良好的效果。我校还充分利用本地的烈士陵园、博物馆等德育基地，并请本地的“老八路”“省劳模”等先进模范人物做报告，用生活中常见的道德行为从正、反两方面教育激励学生。我校以校规、校纪的形式引导，和规范学生的道德行为，并制定了一套行之有效的德育考核体系。通过定期的分学科教学相结合的实施纲要，通过教学主渠道把传统美德教育落在实处。

由于我们在传统美德教育中，坚持重训练、求实效的原则，产生了良好的效果，学生中拾金不昧、团结互助、关心他人、自强自立、勤俭节约的动人事迹屡见不鲜。全区 76 所学校行为规范达标。

爱国之心长相随

现在的青少年大都不知道今天幸福生活的来之不易，也少有人体味过真正的痛苦。因而，成长过程中便少了一点凝重和些许深沉，有时便让人不免担心，唯恐他们稚嫩的肩膀会被将来的重负压垮。

于是，各种意在促使他们成熟的教育应运而生。然而，育人毕竟是一件长期的、触及灵魂的工程，任何急功近利的行为和一蹴而就的想法都是欠科学和不严肃的，要培养出德智全面发展的合格接班人，必须对青少年进行细致的和最深入的心灵教育。其中，爱国主义教育更要作为青少年成长过程中的一项基本内容，从小抓起，使之根深蒂固，成为他们发自内心、指导行动的人生信条。

一个人生活在世界上，除了基本生活条件的满足之外，总是要有一定的精神追求的。而一个人对于他生于斯、长于斯的国家的感情认同是最为纯朴、最为持久的。小而言之，对家乡一草一木的童年印象，对亲人朋友的眷恋怀念，对自己求学生涯的无尽回味，都足以让一个人从内心深处对养育他的那一片热土产生深厚浓郁的热爱。大而言之，一个人要想使生命更加有意义，必须把自己的事业同祖国的命运联系起来。一个国家、一个民族，要自立于世界民族之林，要获得巨大的经济发展，也必须培养一代又一代的爱国者。抗日战争刚刚打响，几名留学美国的清华大学学生便毅然回国，参与研制各种地雷，为中外闻名的“地雷战”作出了贡献；新中国宣告成立，李四光、钱学森等一大批著名科学家放弃国外各种优厚待遇，冲破层层包围回国效力。老一辈对祖国的殷殷深情，由此可见一斑。

面对21世纪的世界竞争，各国都不曾放松对自己下一代的教育。日本人带着孩子来中国旅游，站在我们的天安门城楼上让孩子数长安街上驶过的日产小汽车；美国人的孩子每天一上学，就要向国旗敬礼，还要大声高唱国歌……我们国家的社会主义建设事业当然更需要新的一代爱国者的努力奋斗，而且，改革开放的大好形势也为青少年提供了勤奋成才、报效祖国的绝好时机，每一个有志青年都应当抓住这一有利时机，学好各种本领，在祖国建设的各条战线上勤勤恳恳地奉献，争取建功立业，不辜负祖国和人民的培育。

也许有的青少年会说，现在我们不用管爱国不爱国，只要长大了自然是为国家作贡献。这话听起来有点道理，但实际上是错误的。我们说，一个人不论做什么事情，都要有明确的目标，这样才能集中精力把事情作好，才能取得一定的成绩。如果一个人连为什么学习都搞不清楚，很难想象他能刻苦钻研、勇攀高峰，为国家的兴旺发达做出牺牲。

也许还会有同学说，我学习是为了个人长本事，将来找个好工作，把自己的生活水平提高上去。当然，我们一代代人前仆后继，最终目标就是为了让所有的祖国人民都安居乐业，过上幸福日子。但是应当清醒地认识到，由于种种原因，我们国家目前的经济离世界发达国家还有相当的距离，我们的教育、科技等诸多领域虽然也有领先于世界的，但总的来说还十分落后，要实现祖祖辈辈的强国梦还需要我们继续做出不懈的努力。尤其是在未来的21世纪，世界各国的科技竞争将日趋激烈，稍有疏忽就会落后，而落后挨打的教训我们中年人早已吃够了。70年代的时候，有个发达国家对我国某地的一种产品产生了浓厚兴趣，以至于连残次品也要购买，后来我们的科学家听说后觉得很奇怪，做了研究，发现其中含有特别重要的物质，但囿于我们的科研及生产工艺水平，很难提取出来，只好枉自叹息。即使到了今天，我们需要攻克的科研难题还有很多，作为有远大理想的青少年一代，怎能忍心看着自己的祖国永远落后挨打呢?！当年，老一辈革命家“为中华之崛起而读书”，如果我们青少年一代自觉地把自己的前途和祖国联系起来，奋发图强，立志为国家民族作出更大的贡献，这样的人生不是更有意义吗！

祖国需要千千万万优秀儿女的忘我奋斗才能富强，青少年只有从小就时时想着国家的兴亡才能立大志、成大业。今天的青少年朋友，时刻都不能忘记自己是个中国人要让爱国之心相伴永远。

谈校史校训校歌

一所办学有特色、全面育新人的学校应有自己的校史、校训、校歌。

校史是学校的历史沿革，远则上溯古代书堂、书院或私塾，近则建国以来学校的发展历程。校史如镜子，光可鉴人，继承和发扬本校优良传统，吸取先进办学经验，为学校锦上添花。

校史是一种史实性记叙文兼介绍必说明文，可通过查阅与本校有关的历史资料，去伪存真、去粗取精；采访有关师长和校友，提炼主题，采用前后连贯、点面结合历史纪实形式。介绍建校时间、地点、校名、性质、学制、创始人和历任领导姓名，记叙治理学校经险、典型事迹、教书育人成果和校友成长报导，等等。编写时要尊重客观事实，内容必须真人真事真时真地，不可虚构浮夸，以激励现任者和在校生为校争光，续写母校春秋。

校训是学校通过校长对全体师生提出的训词，反映时代精神、教育任务和办学方向，要按照国家教育方针和教育改革精神，结合本校实际，集思广益，制订具有本校特色和风格的校训。训词一般为8字，多则一二十字，要标新立异，言简意赅，含义深刻。

校训一经制订公布，就要保持相对稳定。优化育人环境，定期宣讲总结，使师生认同熟记，认真实行，促进学校领导的优良作风，凝聚教师文明的教区，培养学生良好的学风。

校歌就是赞美自己学校的歌曲，包括歌词及歌曲。好歌先有好词，好词须谱好曲。歌词反映本校教学生活内容，体现义务教育法、教师法、教育法和学生守则、日常行为规范在本校贯彻实施的新气象，抒发师生爱国爱校、好学创优的思想感情。通过唱校歌，以美的形象、美的情感熏陶教育学生，更加珍惜改革开放带来的幸福生活，更加自觉地为远大理想、光辉未来而勤奋学习科技文化知识。

校歌词篇幅不宜过长，常用一段式、二段式，力求形式整齐、对称，可用回环反复手法突出重点，用比拟重迭手法抒发深情。句子10字上下，句末上仄下平，一韵到底，便于谱曲，好记好唱，唤起自豪感和责任感。

总之，写好校史、校训和校歌，对校风、教风、学风建设必将起潜移默化的作用，使人迈进校园产生新鲜、热烈和留恋之感，也是学校宣传工作、精神文明建设的奇葩。

二十一世纪呼唤“孝敬工程”

孝敬父母是中华民族的传统美德。然而令人忧虑和遗憾的是，现在的独生子女由于父母的的溺爱，他们过惯了安逸舒适的生活，根本不懂得体贴、关心、孝敬父母。“寸草心”“反哺情”对他们来说已变得遥远而又陌生了。

日本的一个研究机构曾对日本15所高中的1300多名学生、美国13所高中的1000多名学生、中国21所高中的1200多名学生进行一项调查。在回答“谁是你最尊敬的人”这一问题时，美国和日本的学生列在前三位的是父亲、母亲、英雄人物或球星。而中国的父母被自己的孩子排列在第10、第11位。

济南一中在一次调查时发现：该校半数的学生连自己父母多大岁数、父母生日是哪一天都不知道，而形成鲜明对比的是不少同学对朋友的生日却记得清清楚楚。自己过生日时要父母操办请客，父母过生日居然连一句祝贺的话都不会讲、也不愿讲。

那么，造成中学生对父母亲情淡漠、缺乏孝心的原因何在呢？

从家庭教育方面来看，如今许多父母把生命的赌注全押在宠爱孩子身上，无论他们到哪里，都是“儿行千里母担忧”。他们大半生的光阴都在为孩子忙碌，从孩子出生、抚养、工作到结婚成家，恨不得全程承包。这一切都是孩子敢于向父母“发难”的精神力量。试想，在一个孩子不尊重其父母的家庭里，能造就出有孝心的孩子吗？

从学生自身来看，现在的中学生思想活跃、信息灵通、追求个性自由、唯我独尊，许多孩子不懂得关心别人、不懂得体贴父母，也就不足为奇了。

从学校教育来看，如今的学校片面追求分数和升学率，只注重抓学生的智育，学生只要成绩好。便一好顶百好、一俊遮百丑，以至忽视放松了对学生的德育教育和孝敬父母的教育。

令人欣慰的是，现在一些懂事的孩子，一些有识的家长和学校在这方面给我们做出了榜样：

甘肃省庆阳师范学校李勇就是一位“孝子”。他7岁那年，父亲突然中风瘫痪，家庭重担全压在母亲身上。为了替母亲分忧，他每天放学后割草、喂猪、给父亲接屎接尿。不满12岁时，他便学会了耕地、收割、打场等农活。1995年3月16日，母亲积劳成疾，突发心脏病离开了人世。他四处借债，安葬了母亲。苍天似乎集中所有的困难，要压倒这个16岁的少年。但他咬紧牙关，不仅挑起了家庭重担，而且学习成绩优秀。1995年4月，他获得了全国初中化学奥林匹克竞赛甘肃区一等奖、全国一等奖的好成绩。1995年8月，他以全县第四的优异成绩考入庆阳师范。为了照顾父亲，他毅然背着父亲到离家四五十里的西峰市求学。为了租一间离学校近又价格便宜的房子,他四处奔走,开始了边求学边照顾父亲的艰难生活。逢年过节,他想着法子带父亲上街转转,看看电影、散散心。父子两个每月的生活费仅有学校发的50元钱,而房租就要交40元,他课余时间上街蹬三轮车、给别人打工。他的事迹被《中国青年报》介绍后,面对来自全国22个省市的信件和汇款单。他热泪盈眶他说:“我所做的一切都是我本分的事情,……父亲有病,儿子护理,这是做儿子最起码的责任。”

前不久,南京市金陵中学学生会向全市青少年发出“孝敬父母、尊敬老人”的倡议,并建议将每年的重阳节定为中小学生“孝敬日”。在这一天,每名同学都要主动为父母分担家务,用零用钱购买或自制礼物送给父母,向父母表示感激之情。

济南一中从1994年开始,把孝敬父母作为对学生进行德育教育的重要课程,三年来共举行讲座近三十次,讲课老师动之以情、晓之以理,深深地教育了学生们。学校还利用每周一升国旗进行“热爱祖国、孝敬父母”的演讲比赛,同时规定把父母的生日、“三八妇女节”及每周周末定为学生的“孝敬日”。“孝敬父母”活动的开展,不仅得到了学生们的积极响应,也得到了家长们的欢迎和好评。

各级教育主管部门、学校、老师在实施德育系统工程中要大胆地以“孝敬父母”为突破口,让学生从孝敬父母的身边小事开始,培养出对祖国、对父母“忠孝双全”的21世纪合格的人才。

消费教育是小学教育的重要内容

消费是一种社会现象。人们对消费的不同追求,体现着人们对生活的企盼、和对理想的追求。透过对消费观的剖析,不难看出,消费观是人生观、价值观的表层反映。随着改革开放的逐步扩大,商品经济的日趋发达,在小学生中开展消费教育,已不仅仅是帮助学生树立正确的消费观,而且是学校德育工作的重要组成部分，是国情教育、革命传统教育，以及创建文明学校等活动的重要内容。由于消费是一种普遍的社会现象，社会上的每一个人都是消费者，同时也都有自己对消费的理解。因此，消费观对学生的影响是多方面的，对学生的消费教育需要社会、学校，乃至家庭的共同配合。

一、要把消费教育与德育工作有效结合起来，有的放矢地开展。

学生既是受教育者，也是消费者，要引导学生正确消费，就要从调查研究入手，掌握实际情况。应该了解学生：家长是否常给学生零用钱，数额多少？有无指导？学生手中有钱，最想做什么？目前应特别注意学生高消费、超前消费的前题。平常通过教师的观察，还可以了解到有些学生不爱惜钱、粮，吃剩的点心随意扔掉，有的同学丢失物品不觉可惜，甚至叫他（她）认领也不在乎等等。

上述种种现象，说明学生消费问题既有思想教育、生活习惯培养的不足，也看到了社会、家长在消费问题上缺乏清醒认识，甚至有以不良消费倾向影响学生的问题。

因此，对学生进行消费教育，要取得社会的共识、家长的配合。要从道理上说服家长，溺爱不利于孩子的成长。让家长认识到，引导学生正确消费，不只是一家一户的事情，而是关系国家兴衰、关系到培养什么样接班人的大事，进而在消费教育方面同学校同步进行。

二、消费教育形式要多样化。寓消费教育于学校的教育活动之中。

学校可以通过学、查、讲、做、算等做法对学生进行多种形式的教育。比如，组织学生学习社会，举办“厦门特区的昨天、今天、明天”报告会，让学生了解夏门经济特区腾飞的历史，特区人民艰苦创业的艰难，懂得为什么还要艰苦奋斗，帮助学生树立正确的苦乐观，摒弃奢侈的享受，追求有意义的生活；高年级学生可就地组织社会调查，学习社会上各条战线先进人物艰苦奋斗的事迹，懂得幸福生活来之不易，浪费可耻。还可以请学生算一算国家培养一个小学生所需要的费用，这又需要多少人流血流汗、辛苦工作。通过学习社会，向学生灌输艰苦奋斗的传统精神，启迪学生思索怎样成为社会有用的人。

消费教育要强调自然、生动，在教学中可有意识地加进这方面内容。如数学课，可自编应用题，让学生算节约账。算一算，全国每人每月节省0.5千克粮食，把节省下来的粮食供给厦门居民，每月每人供12千克，可供70万人吃多少年等等。孩子们会从自己计算出的结果得到有益的启迪。

消费教育可能渗透到课堂之外的学生活动之中。可以组织学生自编儿歌，排成节目；可以编成板报，宣传正确消费，如何合理消费等。通过学生自我宣传，达到自我教育的效果，帮助学生树立勤俭美德，并自觉贯彻落实到日常行动上。

在思想教育基础上，结合小学生守则和日常行为规范的贯彻实施，针对学生消费实际，学校可制订一些具体的措施，制止不良消费现象。如不准学生带零食到学校吃；上体育课只带茶水，不带保健饮料等。在平时的班级评比中把这些规定列入评比的项目，通过检查评比，持之以恒，养成学生的良好生活习惯。

实践表明，把消费教育纳入学校教育的轨道，对培养学生的思想品德起着良好的促进作用，带来了积极的影响。多数学生参加春游外出的活动，每人的消费都自觉地控制在3元左右，同学把一分、两分的零用钱积蓄起来，参加赈灾捐款活动，有的同学用自己的零花钱买了点心、礼品慰问孤寡老人；有许多同学把钱花在有益的事情上，比如买课外读物、买学习用品等等。通过消费教育，孩子们穿戴朴素了，懂得爱护公物、珍惜钱财；红领巾读书活动成绩显著。

应当指出，我们是在培养社会主义的新型建设者和接班人。面对着改革开放大潮和商品经济的发展，我们不仅要着眼于培养学生继承艰苦奋斗的光荣传统，使学生能够成为克勤克俭、作风过硬，能够同心同德建设祖国的栋梁之才，而且要积极引导学生正确理解消费现象，学会正确消费，使其将来能够更好地适应社会市场经济的发展。

在今天，消费教育的内容与形式要与过去五六十年代有所区别。要敢于面对市场、积极引导。不能把消费教育理解为单纯的勤俭教育。要让学生正确识别哪些物品是货真价廉，学会购买物品，学习商品知识。还要教会学生怎样保护自己的消费者权益，买到劣质商品要怎样投诉等等。

总之，消费教育是学校教育不可忽视的重要内容。

德性培养是学校教育的核心

80年代以来，“知识就是力量”口号恢复了，是件好事。然而这口号并不全面，因为有知识可以做好事，也可以做坏事。加之“物质利益原则”泛滥，追求致富有比科学更方便、更迅捷的途径，从而使新的“读书无用论”兴起。更有甚者，正气沮丧，歪风猖厥，纵欲主义肆虐。这使得以“德性就是力量”来补充、纠正“知识就是力量”之偏，显得极为必要。

若干年来，学校教育以培训人才为目标，有必要反思。那种将“升学率”作为主要的甚至唯一的评价指标，德性教育置于次要地位；或者虽顾及了德性教育，但也多半局限于“听话”“守规矩”等方面的训练，这样培养出来的学生，将来是近朱者赤，近墨者黑，缺少自主的道德原则。学校应以“首先要做个正派人，而后才考虑学点本领为社会作贡献”的原则教育学生，也就是说，应把德性培养放在第一位，知识训练置于其次。当然，这里讲的不是时间分配，而是相对位置。

应该把道德教育与政治教育区分开来。道德教育中不少项目具有继承性，在任何时代、对不同人都是共同要求的，例如孝敬父母、尊敬师长、友爱兄弟、团结同志，以及诚实、守信、负责、勤劳、勇敢、坚毅、谦虚、正直等等。在相当一段时期内，这些项目的教育被忽视了。在道德教育遭忽视的基础上，政治教育用再大的力气也难以奏效。不讲信义、翻脸不认人的人，决不可能有坚定的政治立场，只会是机会主义者。

德性培养的所有项目都归结于一点：良心。而良心人人都有，只有晦蔽，澄明之分；德性教育就是要让良心发现（或叫良知澄明）。当然，这种教育不是停留在空口说教上，主要须以身作则，并分析学生自己的错误行为究竟错在什么样的良心晦蔽上。

教学生学会做人

东方民族，尤具中国，历来研究做人的道德修养和做人教育，故有文明古国、礼仪之邦的美誉。

所谓“做人”，就是自觉地按照一定的公共生活规则和社会伦理道德，待人接物。

做人是我国传统伦理道德的核心。教学生学会做人，应是学校德育的基本任务。

人作为社会的动物，除了必须依赖自然环境外，只有生活在人类社会当中才能存在和发展。那种离开社会，离开集体，离开他人，完全孤立的人是没有的。所以，人与人在社会生活和社会实践中，必然要建立一种密切关系。这就是个人与他人、个人与集体、个人与社会、群体与群体的关系。社会越发展、越进步，这种关系就越密切、越复杂。要正确处理和协调这些关系，就需要有一些怎样待人接物的普遍的公认的准则，因此，一些做人的道理和规范，便在人们的社会生活和社会实践中逐步形成了。

今天人们普遍遵循的一些基本的做人道理和规范，或叫“公共生活规则”，一般来说，具有不受时空限制的特点，是人类共有的精神财富。诚如列宁所说，这是“数百年来人们就知道的、数千年来在一切处世格言上反复谈到的、起码的公共生活规则”。

这些“人类一切公共生活的简单的基本规则”都是我们应该遵守的，是做人的最起码的要求，也是学校实施做人教育的最基本的内容。

我们教育学生学会做人，就是将社会意识和社会道德向个体转化，即按照社会的要求，通过有效的教育活动和积极的环境影响，把社会的思想和道德规范内化为受教育者的思想意识、道德品质和个性品质，成为一个有理想、有道德、有文化、有纪律的社会主义公民。《中共中央关于进一步加强和改进学校德育工作的若干意见》中讲得很清楚，在学校就是“如何引导学生逐步树立正确的世界观、人生观和价值观，培养良好的道德品质；在人民生活水平有了较大改善和提高的情况下，如何培养学生具有自力更生、艰苦奋斗的精神和坚强的意志品质；在科学技术迅速发展、社会主义经济体制逐步建立的情况下，如何指导学生在观念、知识、能力、心理素质方面尽快适应新的要求”。这就是当前学校教人做人的基本任务。

那么，有些什么做人的基本东西要教给学生们呢？

与自身的关系：如接纳自己，自尊，自爱，志存高远，与时竞驰，做一个自觉、自为的人。

与他人的关系：如对他人的尊重、理解、关心、帮助、宽容，光明笃实，以诚待人，不骄不谄。

与集体的关系：如有责任感、义务感，和衷共济，有合作精神，爱群、利群、乐群。

与国家和社会的关系：如爱祖国、爱人民、爱劳动、爱科学、爱社会主义、爱中国共产党，讲奉献、讲牺牲，先人后己，先公后私，公而忘私。

与自然的关系：如热爱大自然，热爱生命，对自然生态环境的尊重，自觉承担生态平衡的责任，主动维护和创造优美的人类生活环境。

在社会主义社会，做人的最高境界，应是毛泽东同志提倡的做一个“毫不利己专门利人”的具有“真正共产主义者的精神”的人。这种人，就是毛泽东说的“高尚的人”“纯粹的人”“有道德的人”“脱离了低级趣味的人”。

当然，在当今的世界上，还有另一种与我们完全不同的“做人”观。他们兜售所谓“做人诀窍”。其“诀窍”就是以极端个人主义为核心的反社会、反人性的“做人”观。如有些人鼓吹个人目的论、主张以个人为中心的价值观来处理个人与社会的关系，因而在一些人中出现了偏离爱国主义、集体主义、社会主义的倾向；还有的人是非不分地打着社会主义的旗号，鼓吹生存竞争、个人奋斗，等等。这都是完全错误的，是同无产阶级的世界观、人生观、价值观根本对立的。

文明校园与校园文明

最近,不少大学的门口又新挂了一块金灿灿的铜牌——“文明校园”。各挂牌高校如能以此为契机,百尺竿头更进一步,自是好事一桩;倘若以为招牌挂起就万事大吉的话,那么这些“文明校园”里的“校园文明”便会成为颇为尴尬的话题——因为在这首校园文明合奏曲里实在是还夹杂着太多的不和谐的音符。

置身大学校园,人们在为校园里的那种浓浓的学府氛围和大学生朝气勃勃的精神风貌而深感振奋的同时,也一准会为不少大学生的不文明行为而惊愕不已,“笑声叫声争吵声,声声刺耳;好事坏事寻常事,事事揪心”,还有考试作弊、买饭插队、“课桌文学”……人们不禁要问:大学校园怎么啦?这种不文明综合症还有没有治?尽管“万物之中,文明是最脆弱的”(亨·哈·埃利斯语),我还是相信只要按照“管、实、严、多、修、反”去做,我们是会拥有名符其实的“文明校园”的。

一要“管”。大家都明白,通过了“211 工程”的部门预审与实现“跻身世界一流大学”的目标还有相当的距离,还须作艰苦的努力,却很少有人去想一想拥有了“文明校园”的称号是否就真的实现校园文明了?因此,很多人都产生了船到码头车到站的思想,而不再重视校园文明建设已还有一些人则是怀着“无可奈何花落去”的失望和无奈,面对校园不文明现象采取不管不问、不疏不堵的无为而治的政策。譬如,在学生谈恋爱方面,许多大学的“校规”都经历了“严禁——禁止——规劝——不提倡——无所谓”这样一个步步退让的过程。如果我们把“大学赛过伊甸园”的症结归咎于”妥协政策”,也许有些偏激;但是,那些藉口社会的开放度愈高对“不文明”言行的界定愈困难而为其大开绿灯的“宽容”做法,显然是起到了推波助澜的不良作用。只有认识到这一点,才会增强我们建设文明校园的信心和决心。笔者认为:亡羊补牢犹未晚,文明建设需要管。当然"管"包括"疏"和"堵"两个方面,它要求管理者必须十分讲究工作艺术和技巧。

二要"实"。既然要管,就要真抓实干,就要有实际的招数,就要把一切落实到实处。最近,河北大学为促进校园文明建设,重点推出了理论武装等"十大工程";南京大学响亮地提出了消除公共场所起哄、消除课桌文学、消除打麻将、消除考试作弊、消除男女同学交往不得体现象,倡导优良学风和校风;中央民族大学和北京体育大学颁布了校园内禁止抽烟饮酒、禁止售烟售酒的"双禁令";上海交大则推出了以制订好一系列仪式教育制度、唱好一首校歌等为内容"七个一工程"……这就是为校园文明建设指出了具体的努力方向。

三要"严"。加强常规管理、狠刹歪风邪气,是校园文明建设的重要一环。对少数基础文明较差的学生在教育的同时,还可以辅之一定的经济手段和行政手段。同时,对于要求学生不严、管理不力的有关人员,也应制订相应的促进措施。

四要"多"。事实表明,许多有益和无益的活动都呈现着此消彼长的关系。所以,应该尽可能地提供和创造条件,正确引导和大力扶持学生的各种学术活动、科技活动、艺术活动和体育活动,以丰富校园文化的内涵并促进校园文明的建设。

五要"修"。"知识越多越不文明"本是一个绝难成立的命题,可在为数不少的当代大学生、研究生身上却得到了蹊跷的印证,唯一能够解释的理由,就是这些人所拥有的只是一种"畸型"的知识结构——专业上的巨人和修养上的矮子混合体。由此更让人感到古人所谓"正心、诚意、修身、齐家、治国、平天下"之精辟,只有全面加强自身的修养,才有助于釜底抽薪,从根本上消除校园不文明现象。

六要"反"。我常常听人抱怨,说大学校园遭受社会上太多的"精神污染"——认为此乃校园不文明之源,却很少听到有谁自信地谈过大学对于社会的反作用力即"精神辐射"。在中国的近代化过程中,高等学府始终都向社会辐射着新思想,并不同程度地领导着社会潮流、影响着时尚。

虽然人人都生活在社会之中，不可避免地要受到社会的各种影响，但是社会是由一个又一个“人”组成的，在社会这个大舞台上每个人都扮演着或主或客的角色。所以，生活在大学校园里的人们应“反客为主”，变被动为主动：讲究文明，创造文明，创造文明校园，创造文明社会。否则，便没有完全尽到应尽的职责。

什么叫“校园文化”

所谓“校园”，当然是指学校范围以内；“文化”指的是精神方面的财富，如文学、艺术、教育、科学等。但这不能算是校园文化的定义。校园文化的涵义如何界定，现在还没有统一的意见。归纳起来，大约有三种说法：

第一，校园文化是校园内文化活动的总称。它是以学生为主体，以课外活动为主要内容，以校园为主要活动空间，以校园精神为主要特征的群体文化。

第二，校园文化是学校存在方式的总和。包括：(1)校园的物质文化，即校容、校貌、自然物、建筑物等各种设施；(2)校园的精神文化，即学校价值观念，行为模式，学校传统，校风、教风、学风、人际关系、集体舆论等；(3) 学校的制度文化，即以学生社团为主的组织文化和以校规校纪为内容的制度文化。

第三，校园价值观念和行为模式的统称。它是社会的亚文化，既受社会文化制约，又反映学校群体需要。它构成了学生成长的小环境，对学生的思想教育有着导向、规范、约束、激励、潜移默化的功能；对社会文化有一定的辐射作用和促进作用。

以上三种说法，认为校园文化是校园的群体文化，物质文化、精神文化、制度文化、社会的亚文化，侧重点虽有不同，但都从正面肯定了校园文化的价值和积极作用，说明校园文化应该受到重视。

校园文化活动的类型

1.娱乐型。“文武之道，一张一弛”。无论是学习，还是工作，都不能把弦绷得太紧，要有劳有逸，有张有弛，才能保持旺盛的精力，才会有好的效果。教师需要娱乐来调剂，青少年更是如此。好动好玩，是青少年的特征。学校管理者要创造各种条件，使他们有玩的内容，有玩的场所，在娱乐中得到放松，受到美的熏陶。

音乐舞蹈、琴棋书画、球类活动、游艺节目，都是娱乐的内容。既要使青少年根据自己的兴趣爱好，挑选自己最喜欢的项目，又要有组织、有指导，使他们玩得有益，玩得其所。

2.求知型。青少年是长身体、长知识的重要时期。“娱乐型”活动有利于长身体，“求知型”活动有利于长知识。青少年有强烈的求知欲望，教师在课堂上讲的知识，远远不能满足他们的需要。我们应该利用这一特点，采取他们乐意接受的方式，使他们如饥似渴地汲取各种知识。

专题讲座、科学报告、读书活动、兴趣小组，以及各种竞赛，是求知型活动常用的方式。开展这些活动，要做好组织工作，要讲究效果。如请专家、学者讲学，如果讲的内容的确合乎青少年的需要，能给青少年以极大的启迪，给青少年留下深刻的印象，甚至影响他们一生的道路；请英雄模范作报告，如果的确事例感人，那就是告诉青少年怎样做人，怎样对待索取与奉献。各种竞赛活动，如果组织得体、适量，又是学生自愿参加，不仅有利于学生增长知识，而且有利于多出人才。

3.思维型。思维能力是各种能力中最重要的能力。思维有条理、有严密的逻辑性是各种专门人才必须具备的素质。我们要让青少年在学习期间，通过课内课外，培养追求真理的精神，培养独立思考的习惯。我们不需要唯唯诺诺的驯服工具，而需要敢于质疑问难的探索者。特别是改革开放时期，尤其需要这种人才。这种人才应从小就开始培养。

在高年级，应提倡对各种理论问题的探讨。无论是文科还是理科，都会有许多问题值得探讨。要鼓励学生参加各种研讨会，大胆发言，敢于辩论、争论。这样可以锻炼学生的思维能力和口才。

4. 时事型。青年人的命运总是同国家的命运、民族的命运联系在一起的。“两耳不闻窗外事，一心只读数理化”的时代早已过去。我们要有意识地引导青少年关心时局的发展，关心国家大事、天下大事。这是培养胸怀全局、眼光远大的接班人必不可少的时事政策课。这种课不是靠照本宣科去“灌输”，而是激发学生对时事的兴趣。学生一旦对时事有了兴趣，进而养成看报的习惯，关心时事的习惯，爱国主义情感才能扎下根来。开展读报活动，有针对性地组织时事报告会、时事讨论会，是“时事型”活动的重要方式。

“校园文化”的功能

所谓功能，指好的作用，积极作用。坏的作用，消极的作用，不能叫功能。校园文化有多种功能，概括起来有以下几种：

1. 认识功能。校园文化能大大提高学生的认识能力。它有强烈的感染力、渗透力。它渗透着社会文化和民族文化，影响着学生的思想和生活方式。学生通过它认识人生，了解民族的优良传统，有助于形成科学的人生观。

2. 导向功能。所谓导向，即引导人们向正确的方向前进。健康的校园文化，有一股积极向上的精神。它潜移默化地使人受到感染，受到影响。一本好书，一次有意义的活动，能发人深省；一首好歌，一场精彩的报告，能使人精神振奋。

3. 娱乐功能。教师有繁重的教学任务,学生有繁重的学习任务。工余之暇,课余之暇靠什么来调节?靠娱乐。娱乐使人轻松愉快,全身得到休整,从而迎接新的任务。一个学校是生气勃勃还是死气沉沉,在很大程度上看这个学校的业余文化娱乐活动搞得如何。

4. 育人功能。学校的主要任务就是育人——培养人。培养人是通过各种途径实现的。我们要培养的人是德智体全面发展的建设者和接班人。在各种途径中,有许多方面是属于校园文化的范围。这就告诉我们,校园文化有育人功能,我们开展校园文化活动,时刻要想到育人的任务,使育人成为我们的自觉行动。

校园文化的育人功能,主要表现在潜移默化影响学生的知情意行,使学生在思想品德上受到熏陶,对学生德智体全面发展发挥积极作用。同时,能锻炼和提高学生各种能力,如说话能力、写作能力、组织能力、社交能力以及自我管理能力。

5. 优化环境的功能。育人要有良好的环境,这个环境既包括自然环境,也包括社会环境。如果连办学的基本条件也不具备,育人的任务就很难完成。“孟母三迁”的故事,无非是说明环境对育人的重要性。校园文化十分强调育人环境,要求有整洁优美的校容校貌,有优良的校风、教风和学风,有完好无损的各种设施,有正常的教学秩序和生活秩序,这些,构成了青少年学生健康成长的小环境。小环境固然受大环境的制约,但也能影响和促进大环境的发展。

如何搞好“校园文化”建设

搞好校园文化建设是非常重要的,因此,学校管理者就要把这项工作抓好,怎样才能抓好?概括起来有四句话:一要大力倡导;二要党政领导;三要教师指导;四要教师正确引导。这四句话,都有一个“导”字。所谓

“导”就不是硬性规定，不是指令性要求，而是疏导，引导，指导，因势利导。只有导，才能生动活泼，才符合校园文化的特征。“导”的内容非常丰富，学生政治信仰的树立，思想方法的训练，科学世界观的培养，优良道德品质的形成，学习方法的掌握，良好习惯的养成，以及学生兴趣、爱好的发展，都是我们“导”的内容。

对校园文化，作为学校管理者，只能热情提倡，不能泼冷水，更不能压制。有些活动，领导还要亲自参加，“与民同乐”。校园文化的内容，极其广泛，不是哪一个部门的事，党政领导必须齐抓共管，才能见效。校园文化涉及许多专业知识，没有教师指导不行。必须看到，不是所有的校园文化都是积极的、健康的，要正确地引导，不能听之任之，放任自流。

在具体措施上，最重要的是抓好三条。

1. 要创设良好的校园环境。这是建设校园文化的基础工作。没有这一点，就说不上优良的校园文化。

2. 要建立新型的师生关系。校园文化虽是以学生为主体，但却是师生共同创造的。校园文化离不开教师的指导，育人工作主要依靠教师。我们一方面要求学生尊敬教师，另一方面，也是主要方面，应要求教师爱护、关心、理解、尊重学生。教师越是爱护、关心、理解、尊重学生，学生就越能尊敬教师。校园文化之所以能成为重要的育人因素，主要是人际关系融洽，也就是师生关系融洽。因此，我们要下功夫建立新型的师生关系。

3. 要开展各种生动活泼的教育活动。如娱乐型的、求知型的、思维型的、时事型的各种生动活泼的活动，是构成校园文化极其重要的内容，学校管理者要精心组织这些活动，为开展活动提供条件，提供必要的资金，保证活动的时间，使学生通过活动得到欢乐，通过活动受到教育，通过活动在德智体诸方面健康成长。

学生一日文明十三事

起　床

窗前喜鹊喳喳叫，按时起床做早操，
叠被洗漱要抓紧，早晨读书记得牢。

吃　饭

饭前饭后要洗手，吃饭不要掉饭粒，
好菜先让别人尝，尊客敬老理应当。

离　家

穿好衣服戴领巾，背好书包上学校，
离家之前告父母，按时上学不迟到。

行　路

走路要走人行道，横过马路不乱跑，
汽车开过不投石，交通规则遵守好。

到　校

遇到老师敬队礼，团结同学不淘气，
不吃零食节约好，助人为乐要积极。

听　课

课前准备先做好，老师讲课仔细听，

掌握知识攻难关，持之以恒争先进。

休　息

课间休息不追赶，不要随地乱吐痰，
纸屑果皮不乱抛，养成卫生好习惯。

运　动

锻炼身体很重要，一日两操要做好，
打球跑步练武术，课余活动热情高。

回　家

回家之前站路队，“两室三厅”莫进入，
不贪玩要按时回，免得父母不放心。

劳　动

肥皂泡泡白花花，洗完手帕洗鞋袜，
自己的事自己做，勤劳孩子人人夸。

言　谈

长辈议事拉家常，琢磨是非不开腔，
确因有事要发言，诚实有礼把话讲。

夜　读

灯下认真做作业，独立思考最难得，
各门功课温习好，掌握本领为祖国。

就　寝

今日事，今日毕，按时就寝莫迟疑，
书籍用具不乱丢，衣帽鞋袜放整齐。

唱"规范"歌　倡文明风

《中国教育报》9月19日刊载了天津市和平区校园内流行"规范"歌的消息，报道了该区利用歌谣形式对小学生进行文明礼仪教育的经验。这些歌谣既有爱国主义、集体主义和社会主义的思想内容，又有在校、在家、在外各方面行为规范的要求，朗朗上口，生动活泼，在校园传唱后收到了很好的效果。读了这则消息，实在令人欣慰。

目前，社会风气虽有好转，但仍有不少人缺乏应有的文明行为，就连文化素质较高的某些大学生也是如此。脏水乱倒，果皮纸屑乱丢；雪白的墙壁无端地踩上一只脚印，闪光的桌面无聊地题上秽语、歪诗；见了生人不知道打招呼；打电话就会叫"找某某"；水长流，灯长明，熟视无睹，门破了，窗要掉，还要摇上几摇；为抢座位争先恐后挤汽车，为小事与人争吵甚至打架斗殴……种种不良行为虽然与大学的管理教育有关，但毕竟都是些连小学生也应当懂得如何做的基本常识，不能不说与少年儿童阶段没有打好文明基础有着不可分割的关系。

因此，要克服这些现象，应当从小学生抓起，天津市和平区的经验很值得推广。假如，全国所有的小学乃至中学都能像他们一样，重视日常行为的规范，并采用孩子们喜闻乐见的形式潜移默化地进行引导和训练，青少年一代必将从小养成良好的品德和规范的文明行为，不仅今后大学生不会再出现现在这种状况，整个社会风气和精神文明建设也会呈现崭新面貌。因此，盼文明行为"规范"歌广泛传唱，越唱越红火。

国家教委颁发规定要求加强中小学校园环境管理

为加强中小学校校园环境的管理，创设良好的育人环境，保障学校和教职工、学生的合法权益，保证学样教育教学活动的正常进行，国家教委近日颁发了《中小学校园环境管理的暂行规定》（以下简称《规定》）

《规定》指出，学校是教职工和学生工作、学习、生活的主要场所，应做到环境整洁优美，风气积极向上，设施完好，秩序正常，成为社会主义精神文明建设的阵地。校长应该负责将校园环境建设列入工作计划，采取措施，组织落实。校长要严格按照国家颁布的教学计划，建立正常的教学秩序。不经批准，不允许任何单位或个人组织学生停课参加社会活动。上级教育行政部门应将学校校园环境的管理状况列为对校长工作考核的一项重要内容。

《规定》要求，学校要形成方向正确、健康文明、积极向上的校风，要严格按照中、小学生日常行为规范要求训练学生；教师要模范执行《中小学教师职业道德规范》，言行一致，以身作则，为人师表。

《规定》强调，校园内教学区、体育活动区、生活区和生产劳动区等布局应合理，避免相互干扰。校舍应坚固、适用，并按有关规定加强管理和维修。要严格执行中小学升降国旗制度。国旗要合乎规格，无破损、无污迹、旗杆直立，位置适宜。学校要按规定悬挂领袖像，张贴中华人民共和国地图和世界地图，张贴中、小学生日常行为规范和守则，并积极创造条件设置板报、阅报栏、供展览用橱窗，开辟图书室、阅览室、团队活动室和教育展览室。《规定》特别强调，不允许任何单位或个人在学校中进行宗教活动，不允许在学校向学生宣传宗教。严禁宣扬暴力、凶杀、色情、恐怖、迷信的图书报刊、音像制品在学校中传播。坚决抵制赌博、酗酒、不健康的歌曲和封建迷信活动对学生的影响，严禁在校园内建造、恢复祠堂、庙宇、坟茔等。

《规定》要求，学校要建立安全教育制度，在教学设施，饮水饮食，取暖、用电、开展体育、劳动和其他集体活动等方面采取安全防范措施，保证师生安全。学校要建立安全保卫制度。财务、档案、食堂、宿舍、各类专用教室、传达室等部门和场所要指定人员负责，建立岗位责任制，严格管理，节假日要安排人员值班、护校。非学校人员未经许可不得进入学校，非学校及学校人员的车辆未经允许不得进入或穿行学校。学校要按照有关规定，建立公共卫生制度。校园要整洁、有序。宿舍空气流通，被褥干净，物件安置有序。食堂卫生符合国家有关规定。厕所的设置应符合国家标准，保持清洁。要严格执行《中华人民共和国传染病防治法》，预防传染病在校园内传播。

《规定》明确指出，不允许任何单位或个人依傍学校围墙或房墙构筑建筑物。不允许校园周围的建筑影响学校教室采光、通风。对已造成影响的，应要求有关单位或个人按当地政府有关部门规定的限期治理。不允许任何单位或个人在学校周围从事有毒、有害和污染（包括噪声）环境的生产经营活动，或设立精神病院、传染病医院。对已造成危害和影响的，应要求其按当地政府有关部门规定的限期治理或搬迁。不允许任何单位或个人在校园内从事以师生为消费对象的营利性营业活动。不允许任何单位或个人在学校门前200米半径内设置台球、电子游戏机营业点。不允许在学校门前和两侧设置集贸市场、停车场、摆摊设点、堆放杂物。不允许任何单位或个人在学校所属地域内放牧、种植作物、打场、堆物、取土、采石。

《规定》最后强调指出，对认真执行和维护本规定成绩显著的单位或个人，由当地人民政府或教育行政部门予以表彰和奖励。对违反本规定的，应依具体情况分别采取不同的办法对有关责任人员进行处理。属行政管理不当的，当地教育行政部门应令其限期改正；工作中发生错误，造成一定影响的，当地教育行政部门应对校长及其他责任人员进行批评教育；因工作失职、渎职造成后果者，当地教育行政部门或上级主管部门应追究其行政责任,后果严重的,提请政法部门依法追究刑事责任。属工商管理范畴的,提请当地工商行政管理部门依有关法规处理。属民事范畴的,提请当地司法部门依法处理。属违反治安管理处罚条例的,报请当地公安部门依法处理。对构成犯罪的,交由政法部门追究刑事责任。

育人环境与校风

人是属于一定社会的,人的思想和品德是在一定社会关系中形成和发展的。其整个成长过程无时无刻不受学校、家庭、邻里、朋友及社会各方面的影响。俗话说“近朱者赤,近墨者黑”“耳濡目染”“潜移默化”都说的是环境对育人的重要作用。

除了家庭和社会教育外,学校教育对人的成长起着主导作用。校风是整个学校教育中极为重要的外部条件。有人比喻:校风是装有不同颜料的大染缸。对涉世不深、心灵稚嫩的少年学生来讲,想用主观意识排除客观环境的不良影响是十分不易的。良好的校风是学生德、智、体全面发展的必要条件,它关系着培养什么人的大问题。尤其是职业学校,专业设置复杂,头绪多,工作难度大,建立良好的教学秩序,形成良好的校风,就显得更加重要。

近几年来,我校由于充分认识了校风建设的重要性,以务实开拓的精神,采取各种有力措施,在建设良好校风方面下了些功夫,收到了较好的效果。

首先,学校十分注重把政治思想工作渗透到学校各项活动中去,让学生在活动中知其行,明其义,以义促行,思想领先。为此,学校成立了德育工作领导小组,有针对性地向学生进行“爱国主义、集体主义教育”“革命传统教育”“法制教育”“革命理想和共产主义世界观的教育”等,保证了校风建设的正确方向。

校容校貌、学校办学条件对人的情绪影响很大。不良的校容校貌，会使人情绪消沉，精神不振，影响教育效果。为此，我们抓住有利时机，按山东省“五达标”要求，改造校舍，拆除危旧平房，建起现代化实验楼，翻建五千平米综合教学楼，自筹资金为学生打制学习实验两用课桌；加强环境卫生工作，建立健全卫生管理工作制度，使整个校园得以美化。

学校开展的一切活动都有一定的目的，不为搞活动而搞活动，走形式。每项活动严密组织、严格要求，不敷衍了事走过场，拿出最高水平，取得最佳效果。无论是上课还是课外活动，都注重培养学生的组织性纪律性，注重对学生进行良好行为习惯的培养训练。

通过上述工作，学校校风明显好转，教学质量、学生素质全面提高，大批德才兼备的职业高中毕业生走向社会后成为用人单位的骨干，受到社会好评。学校连续五年被评为“双文明建设先进单位”“普法工作先进单位”“创建卫生城市先进单位”。

校园环境的建设与管理

学校环境的教育意义和管理意义，主要有：

1. 可以提高教育行为的情境性。

2. 可以提高学习行为的智能性。

3. 可以提高参与行为的积极性。

4. 可以提高管理行为的有效性。

5. 有利于提高学校行为的继承性。

建议校园环境的主要原则：

1. 规范性原则。

2. 情景性原则。

3. 效率性原则。

4. 功能性原则（导向功能、约束功能、暗示功能）。

5. 参与性原则。

建设校园环境的主要环节：

1. 规划与计划。

2. 设计与构思。学校环境的建设具有多因素、多方位、多色彩、多途径的特点。

3. 实施与布置。

4. 检查与调整。检查的几个基本指标：(1)规范。(2)方便。(3)有效。(4)适时。调整的主要方式有：(1)及时性调整。(2)改正性调整。(3)弥补性调整。(4)经常性调整。(5)功能性调整。

良好的校园环境有助于学生的学习和发展。现代各国的一些著名学校都有优美、舒适、高效的校园环境。我们社会主义学校应该把校园建设作为精神文明的重要环节来抓。

环境道德教育的内容

环境道德，是调节人与自然关系的准则、规范。环境道德教育是人类公德的教育。在我国加强环境教育责无旁贷、义不容辞、刻不容缓。

横向，可划分为社会环境道德教育内容与自然环境道德教育内容；纵向，可划分为幼儿园、小学、中学环境道德教育内容。如下表所示：

横 纵	社会环境道德教育			自然环境道德教育		
	环境知识	环境公德	环境法规	环境公德	环境知识	环境法规
幼儿园	认识身边社会环境	爱护庄稼，爱护公物	不浪费食品和水电，不虐待小动物	了解自己保护生活的自然环境	爱护植物，保护动物，热爱大自然	了解保护环境的规定

横/纵	社会环境道德教育			自然环境道德教育		
	环境知识	环境公德	环境法规	环境公德	环境知识	环境法规
小学	认识自己与社会环境的关系	不随地吐痰、不随地扔废物，不大声喧闹	种植物草，饲养动物，节约能源，爱护设施	认识自己与自然环境的关系	不做污染环境的事，热爱大自然	遵守国家保护环境的规定
中学	认识人类与社会环境关系	恪守社会环境公德准则	学习环境法规和人口政策，珍惜土地	认识人类与自然环境的关系	保护环境，防止污染，爱护生态	学习《世界自然资源保护大纲》

以上各环境道德教育内容，是相互渗透又相互区别的，分阶段性和层次性的。它体现了人类的集体主义精神和全球的人道主义观点，是人类恪守的基本的环境道德规范、准则。

谈宿舍布置

我们师范生学习之余，不少时间是在宿舍度过的。创造一个美好的宿舍环境，不仅能使人身心舒畅，怡情悦目，还可以培养人高尚的审美趣味和情操，从生活侧面反映出我们师范生的思想作风和精神面貌。

清洁整齐、和谐有序，是我们师范主宿舍布置的基本要求。

我们师范生一般来说居住还比较拥挤。从卫生的角度讲，清洁整齐的环境，空气新鲜，尘埃较少，可以减少疾病的发生，有利于宿舍成员的身体健康；从美化生活的角度讲，没有清洁整齐的宿舍环境，一切布置、美化都无从谈起。因此，我们师范生要养成经常打扫居室的良好卫生习惯，勤洗衣服，勤晒被褥。宿舍成员每人都有的物品，如箱包、脸盆、水瓶、茶杯、饭盒等等，应商定地点，统一放置，排列有序。

阴柔阳刚，各具特色，是我们师范生在宿舍布置上应该注意的又一个方面。

由于性别的差异，男女生在生活习惯、生活情趣方面有明显的不同。在宿舍布置上，应体现这种差别。女生宿舍，可以布置得较有生活情趣，显示出女性的阴柔之美，给人以温柔、恬静的感觉。床单、被面的色彩可以选用明亮、欢快的暖色调，各种小摆设、化妆品可以点缀在书柜、案头；男生宿舍，应布置得简洁、爽气，显示出男性的阳刚之美。床单、被面的色彩可以选用端庄的中间色，以字、画作为室内的主要点缀物。

格调高雅，充满生机，是我们师范生在宿舍布置上追求的理想境界。

我们师范生青春年少、风华正茂，我们的学习内容丰富，我们的生活色彩斑斓。在宿舍布置上，我们应该凭借自己学到的知识，学会的本领，以显示基本功的字、画，优美的手工制作为主，自己动手，布置宿舍，追求格调高雅，充满生机的理想境界。比如普师班的同学可以把宿舍布置成充满童趣的“儿童乐园”“童话世界”，专业班可把宿舍布置成具有专业特色的“体育天地”“音乐世界”。“斯是陋室，唯吾德馨。”经过我们师范生的辛勤劳动，巧手布置，一样可以使宿舍独具特色，香溢屋外，沁人心脾。

国外德育内容二三

英国：道德教育的总目标是使学生掌握基本的道德价值观，培养道德情感健康发展的合格公民，据此提出了学生应掌握的四个核心的道德观念：(1)对人的尊重；(2)公正与合理；(3)诚实；(4)守信。在此基础上要求学生能处理好6个关系：(1)与自己最亲的人的关系，包括家庭关系与伙伴关系；(2)与社会的关系，包括劳动就业和社会生活的各种关系；(3)同所有人的关系，即超越地域和时间限制的人类关系；(4)同个人的关系，即对个人的正确理解和评价；(5)与自然和环境的关系；(6)对待“上帝”的关系，即宗教信仰问题。

日本：学校对国民的教育从培养其基本生活能力开始，分年段确立了道德教育的内容：小学一、二年级重点培养基本生活习惯；三、四年级培养遵守日常生活规范的态度；五、六年级培养遵守社会公德、为社会公共卫生做贡献的精神。初中前期以培养良好生活习惯为主，后期以培养作为生活在世界中的日本人的自主性为主。高中主要进行人生观教育，培养学生自主地选择和决定自己行动的精神。

新加坡：中学道德教育的内容分为道德知识、道德技能、道德态度和道德行为四大类，具体内涵分别为：(1)道德知识：关于优秀公民、国家福祉、个人成长和学习的知识，决策过程中的道德，民族振兴所需的基本精神。(2)道德技能：道德反省和道德决策、关心他人、友善负责地对待他人、充分发挥个人潜力等技能。(3)道德态度：自尊和实现自我价值、对自己行为负责、关心他人、尊重他人习俗和信仰的态度。(4)道德行为：发展合理的个性，积极为社会福祉作贡献。

日本中小学校德育方法

日本是一个比较重视对中小学生进行道德教育的国家，他们为了实现他们的道德教育目标，有一整套道德教育的途径和方法。途径主要有：公民课、道德时间课、特别活动课、友爱课、体验学习等。通过这些途径采用讲授、座谈讨论、参观旅行、野外考察、社会实践等方法，对中小学生进行道德教育。有三个突出特点：

一、整体化。即通过校内外全部教育工作对学生进行教育。

日本中小学的《学习指导要领》中明确指出，在做好学校德育工作的同时，“还要重视与家庭及地区的配合”。学校与家庭和社会配套的主要形式有：

第一，结合史地教学组织旅行参观，使学生尊敬前辈人的劳动业绩，培养学生热爱家乡和祖国的情感。第二，让学生接触地区社会的现实，继承发扬地区中的优良风气，思考地区中存在的问题，提出改进意见。第三，让学生有组织地在本地区进行劳动、服务，培养学生劳动态度和为别人做事情的精神。

二、课程化。日本校内的德育活动，都是以课程的形式出现的，他们除有公民课、道德时间课，还把我们作为可搞可不搞的课外活动叫作特别活动课。并作为教学计划和教学大纲的组成部分，具有明确的活动目的和内容。通过特别活动课，可促进学生集体意识和社会意识的形成与发展，培养学生独立生存能力和创造能力，促进学生的个性形成。

三、重视“体验学习”。随着日本工业化、都市化、信息化的发展，国民物质生活的提高和生活环境的变化，儿童失去了与大自然接触的机会，间接经验增多，直接经验减少。为克服这种弊端，增加学生对大自然和农村生活的体验，学会体贴别人，提高道德实践能力和生存能力，培养为社会为他人做贡献的精神，日本文部省自80年代以来，大力提倡推行“体验学习”活动。通过“自然教室”“森林之家”“少年之家”“野外考察”等集体活动，让学生到农村、到大自然中进行体验学习。

美国教育：平等的理想

1776年，美国刚从英国分离出来，创建者们在《独立宣言》中阐述了这个新的民族的理想。他们坚信：“所有的人都是被平等地创造出来的。”这种思想使他们想创造一种所有孩子都能平等地接受教育的制度。起初，美国的教育倾向于包括所有的人，不分等级、贫富和能力大小。因此，从小学到高中，学生免费入学，学校由财政支持；从小学到高中的12年中都没有入学考试。普通教育有两个原因被认为是重要的：首先，美国政府要求公民接受教育，要有学识，以便他们能做出好的决定，能表达自己的观点；第二，创造者不想让美国成为一个有着固定的阶级区分的民族。因为人们是被平等地创造出来的，他们就应该有平等机会变得富有和有影响力。创造者们相信，平等的机会只能通过平等的教育获得。

开始，普通教育主要是为白人孩子，但奴隶解放后，也包括黑人。后来，教育为每一个人的思想扩大到包括对残疾和弱智儿童的特殊教育。学校必须要提供为有身体缺陷的孩子进出的设施，必须为视、听能力有损害的儿童提供特殊的教学。以前这些孩子被分在与其他孩子分开的班级里，近年来，他们被放在正常孩子的班里已经成为主要趋势，因为至少他们通过特殊指导和教师的帮助能够接受部分正常孩子的教育，并得到正常孩子的帮助。不讲英语的孩子在学校里受到特殊的对待。在大多数地方,他们有权接受用他们的母语进行的教育,目的是保护孩们的第一语言,同时逐渐教他们使用英语。

因为普遍教育的概念已经变宽,所以,教室里充满了各种各样的孩子,它们在家庭背景、能力和动机方面有着很大的差异。有人认为,应该放弃强制性的普遍教育,实行像欧洲那样更有选择的教育体制。然而大多数美国人仍然相信教育是改变人的社会地位的关键。虽然学校系统的潜力看上去已被扩展到了极点;但是一种普遍的认识:这种对美国孩子提供平等机会的投入依旧很很少。